中国高校创新创业教育
理论与实践的多维度探究

马 莹 著

九州出版社
JIUZHOUPRESS

图书在版编目（CIP）数据

中国高校创新创业教育理论与实践的多维度探究／
马莹著. －－北京：九州出版社，2018.1
ISBN 978 － 7 － 5108 － 6630 － 2

Ⅰ.①中⋯ Ⅱ.①马⋯ Ⅲ.①高等学校 － 创造教育 －
研究 － 中国 Ⅳ.①G640

中国版本图书馆 CIP 数据核字（2018）第 028664 号

中国高校创新创业教育理论与实践的多维度探究

作　　者	马　莹　著
出版发行	九州出版社
地　　址	北京市西城区阜外大街甲 35 号（100037）
发行电话	（010）68992190/3/5/6
网　　址	www.jiuzhoupress.com
电子信箱	jiuzhou@ jiuzhoupress.com
印　　刷	龙口市众邦传媒有限公司
开　　本	787 毫米×1092 毫米　16 开
印　　张	11.75
字　　数	230 千字
版　　次	2018 年 1 月第 1 版
印　　次	2022 年 9 月第 2 次印刷
书　　号	ISBN 978 － 7 － 5108 － 6630 － 2
定　　价	68.00 元

前　言

创新创业教育最早起源于美国，其为美国创新型经济发展提供了源源不断的动力，并助推美国从历次金融危机中复苏。英国、德国、日本等发达国家也高度重视创新创业教育，将创新创业教育纳入整个国民教育体系之中，系统推进创新创业教育发展。

近年来，国家不断提倡创新创业，尤其是 2015 年李克强总理在政府工作报告中明确提出："推动大众创业、万众创新。这既可以扩大就业、增加居民收入，又有利于促进社会纵向流动和公平正义。"一时间，"大众创业、万众创新"成了最流行的词汇。从政府到地方，各级政府与管理部门都先后出台了一系列支持与辅助大众创业的政策，尤其是促进与推动大学生创业的政策。各种层次、各种类型的高校也纷纷响应中央的号召，展开了大学生创新创业教育教学的改革。

我国创业教育起步较晚，发展环境及模式尚不完善。目前，我国大学生实际创业的不到 2%，绝大多数学生无创业经历，存在畏难心理，缺乏持之以恒的进取心，认为创业高不可攀；有的学生认为自己创业能力很强，对创业期望值很高，对存在的诸多困难估计不足，一旦遇到挫折或遭遇失败时，往往情绪低落或丧失信心，耐挫力与抗击力不强，缺乏坚定的意志品质；更有甚者，好不容易筹集到一些资金进行自主创业，不但没有赢来创业事业的向前发展，反而导致血本无归。因此，高校开展创业教育，进行创业指导，实施创业孵化已经成了义不容辞的责任。出于这一目的撰写了《中国高校创新创业教育理论与实践的多维度探究》一书。

本书共有六章，具体内容安排如下：第一章是高校创新创业教育概述，分别从创新创业的内涵与主客体关系、中国高校创新创业教育的发展沿革、中国高校创新创业教育的主要内容、新时期中国高校创新创业教育的新形式、中国实施创新创业教育实践的社会意义五方面进行描述；第二章是发达国家的创业教育分析，分别从美国创业教育分析、英国创业教育分析、德国创业教育分析和日本创业教育分析四个方面进行描述；第三章是中国高校创新创业教育的现状调查，分别从中国高校创新创业教育的主要模式、创新创业教育环境建设与模式选择、中国高校创新创业教育的特点分析、中国高校创新创业政策分类与分析、中国高校创新创业教育的发展策略五方面进行描述；第四章是高校创新创业教育具体手段，分别从创新创业者的创业观念教育培养、创新创业的决策能力教育、如何开展创新创业教育、创新创业者创新思维能力的提升对策四个方面进行描述；第五章是基于互联网视角下高校创新创业的营销新挑战，分别从搜索引擎的优化、微博、微信公众号营销和移动互联网APPD的营销三个方面进行描述；第六章是中国高校创新创业的实践案例，分别从中国创业型高校的践行者——中科创业学院、"超级课堂"创始人杨明平、"三国杀"创始人黄恺和优科网络校园工作室四个方面进行描述。

本书的写作汇集了作者辛勤的研究成果，值此脱稿付梓之际，深感欣慰。同时，书中出现疏漏之处，望读者批评指正并提出宝贵意见。

作　者

2017 年 9 月

目　　录

第一章　高校创新创业教育概述

第一节　创新创业的内涵与主客体关系

一、创新创业的内涵

创新和创业两个概念有着密切联系和关系的，人们在创业的时候不能离开创新，如果没有创新，就是没有了创新精神和创新能力，创业者没有竞争优势；创业是创新的外在表现和根本，只有创业才能将创新的结果运用到实践中，创业和创新水平是反映一个国家和地区经济活跃程度及发展后劲的重要指标。

（一）创新的内涵

1. 创新的主体：企业或个人。
2. 创新的内容：理论与观念创新、环境与文化的创新、技术与艺术创新等。
3. 创新的主要表现：原创性的发明和发现，知识的创造性集成，新知识的传播和转化，体制和机制的创新，经济、管理与文化的创新等一切创新活动。
4. 创新的分类：我们要想更好地理解创新，就必须对其进行分类，我们可以根据不同的特点，对创新进行分类。如图 1－1。
5. 创新的意义：对一个民族来讲，创新是本民族发展的动力，是前进的阶梯，随着竞争的加剧，能否创新已成为一个国家进步和发展的重要手段。创新是给民族的发展提供新鲜的血液，源源不断地输入养分，使这个国家生命力更强。不创新，就灭亡。——亨利·福特（福特创始人）。

对某一个人来说，不断地创新能让这个人进步很快，以至于他的工作更加稳定，前途更加美好。具体而言，创新将决定一个人的发展前途、事业高低、勇气谋略等。

6. 创新的特征：比较新颖，主要包括世界级的新颖性，主观新颖性和客观新颖性。此外，还有价值性。价值性和新颖性的关联很大，世界新颖性的价值性较

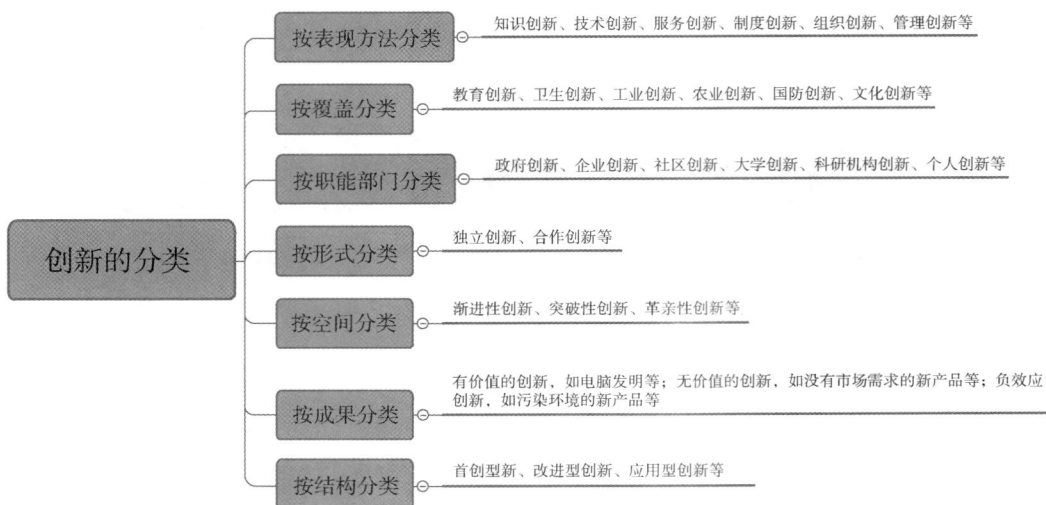

创新的分类	按表现方法分类	知识创新、技术创新、服务创新、制度创新、组织创新、管理创新等
	按覆盖分类	教育创新、卫生创新、工业创新、农业创新、国防创新、文化创新等
	按职能部门分类	政府创新、企业创新、社区创新、大学创新、科研机构创新、个人创新等
	按形式分类	独立创新、合作创新等
	按空间分类	渐进性创新、突破性创新、革亲性创新等
	按成果分类	有价值的创新，如电脑发明等；无价值的创新，如没有市场需求的新产品等；负效应创新，如污染环境的新产品等
	按结构分类	首创型新、改进型创新、应用型创新等

图 1-1

高，其他的较低。大卫·史密斯发明了"邮包炸弹"梅利莎病毒，到案发时已使 100 万台电脑瘫痪，造成 8000 万美元的经济损失。这不是创造价值，而是价值大破坏。

（二）创业的内涵

我们所说的创业是指创业者通过自己的资源进行深入加工，进而得到更大的创造价值。创业是创业者经过经管、策划、运用服务、技巧、思考、推理和判断等各种方法，来发挥其技能的一种手段。"创业教育之父"杰夫里·提蒙斯在《创业创造》一书中这样定义创业：创业是一种行为方式，它通过思考、推理和运气来实现；运气带来的机会驱动着它，同时它也需要拥有和谐和在方法上全盘考虑的领导能力；它是一种商业活动，包含理解和创新事物的机会，而后者又包括新生产过程或原材料、新产品、组织现有技术的新方法、新市场等，这些创新事物是怎样出现并被特定的人所发现或创造，他们又是运用何种方法去利用和开发它们，然后产生各种结果的。创业是人实现创造价值的一个过程和方法，人们先是发现了一个有价值的商业机会，然后付诸于行动，进而转化为具体的意识形态，并获得利益，来实现创造价值。

广义的创业是指运用自身原本具备的技能，克服思维定势，通过创造性思维以及其他努力开辟新的工作途径。其中，个人自身具备的能力包括知识、技能，同时，创业还需要个人能够运用所拥有的资源以及通过各种手段能够获取的信息等和能够争取到或把握住的机遇。创业要求创业者不能墨守陈规，思维要具有创造性，并能够将创造性思维应用于实践中，开创新的工作局面，从而获得突破性的成就。这种实现自己某种追求或目标的过程，就是创业的过程。那么广义的创业包含岗位创业。岗位创业是指在现有岗位上顺应时代发展和岗位目标的要求，全面提高自身能力和素质，创造性地发挥自己的聪明才智，通过勤奋努力地工作，在事业上取得开创性的新发展，从而为岗位提供者创造尽可能多的价值。

狭义的创业一般指自主创业，自主创业者通常为个人或创业团队，其主体多是投资者和资产所有者。他们往往是资源所有者，拥有一定的知识或技能，通过自筹资金、技术投入、寻求合作伙伴等创业思维模式，来为社会上更多的人创造就业机会。自主创业要求创业者有较好的资源和能力，所以，它比其他的创业要难一些，还要加大力度。

二、创新创业的主客体关系

只有对创业活动主客体的规定、结构、要求、特点和功能分别加以研究，才可能把握创业活动的实质，找到创业活动成败的关键所在。

（一）创新创业的主体

创业活动是创业活动主体作用于创业活动客体的能动性的创业活动，是创业者按照自己的创业决策和行动的方案，通过创业的实践活动把自己的方案和计划付诸行动。不管是制定创业活动的方案还是确定创业活动的目标，内因都在创业活动的主体中起着决定性的作用。换而言之，创业活动可以看作是创业主体的一个复杂的活动，是创业者理性思维、情感意志和实践行为的统一。

1. 创新创业主体的概念

在哲学范畴，主体和客体是两个非常重要的概念。主体的概念是，按照特定的目的去了解和改造客观对象的人。客体的概念是，被主体认识和改造的客观对象的人。主体和客体与主观和客观是不相同的。主观的概念是人的精神世界，而客观则是指意识之外的客观存在。毫无疑问主体应该是人，但是又不能绝对的说主体就是人。没有自己的主观意识，万事处于被动地位的人也不算是主体。只有具有明确的自我目标，处于主导支配的地位才是主体。创业活动通常的组成成分是人和物，但是物不可能成为主体，但是参与具体活动的人也不是主体，只有处于主导地位的人才是主体。综上所述，创业活动的主体是创业过程中主导创业活动的创业者。

2. 创新创业主体的系统结构

创业活动不是一个人就能完成的活动，而是要通过大家的共同努力，因为这是一种复杂的社会实践活动。随着社会分工的发展和社会生活的日趋复杂，现代社会的创业活动主体系统也日趋复杂，参与创业活动的人各有其不同的职责。现代社会创业活动主体系统结构的变动性日益明显，结构的优劣对创业活动的效率起着十分巨大的作用。

在复杂的系统中，决策人员居于创业活动主体系统最高层，他们是具有决策权和对整个创业活动系统负有最终责任的领导者，他们的任务是确定创业活动目标，选择决定实现目标的某种方案。为使创业活动决策科学化而避免主观武断，各级决策机关还设有规模不同的智囊团或思想库。在现代，大型企业中凡进行计划、统计、预测、咨询、研究的专家或团体，均属一定决策层次的不同类型的智囊团体。智囊团是决策层的思想库，是专门为决策进行调查研究的智囊。它的职责不在"断"而在"谋"，专为决策层提供最优化的理论、策略和方法。决策人员和智囊人员的关系即"断"和"谋"的关系：谋是断的基础，断是谋的结果，二者既不等同、彼此区别，又相互依赖、彼此促进。创业活动主体系统越发展，断和谋的职能越清楚、越完善，彼此配合协调也越自觉。

复杂创业活动主体系统的第三层次是执行人员。执行人员是创业活动主体系统中的基干部分，其任务是根据决策者的决策方案制订具体计划、组织和指导操作人员、贯彻执行方案。一个创业企业，董事会的决策是通过诸如项目经理、车间主任等各级执行人员贯彻实施的。创业活动中的执行并非机械照搬、简单执行，具体部门岗位因有不同情况，上级决策不可能详尽规定各个方面的内容，这就要求各级执行机关必须根据实际，将上级决策具体化，对上级决策包括不到的部分再决策。所以执行过程同时也是决策过程，执行人员不但执行，也有进行中观决策的任务。一般来说，执行某一决策的中间环节越多，或者说执行链越长，其执行人员就负有越重的中观决策的任务。只有在一个层次少、执行链短的部门，决策人员和执行人员的职责才是分明的。这就是说，在理论上，我们可以而且必须将决策层和执行层相对分开来加以研究。但在事实上，尤其在体系庞大的创业活动人员系统内，最高层的决策人员和智囊人员是确定的，而中层的执行人员同时负有不同程度的决策任务，执行人员同中层决策人员常常是混而为一、不能截然分开的。

为保证决策的贯穿实施，随时了解决策是否符合实际以及执行部门是否按照决策执行，创业活动主体系统还可以设置专职的监督人员，其任务是跟踪捕捉执行过程中的偏差信息，并将它及时反馈到决策层。如果属于决策同实际的偏差，便由决策层修改原有决策；如果属执行中的偏差，则由核心层要求执行人员纠正偏差。在决策的执行过程中，设想原决策的绝对完美、绝对理想和设想执行中对准确、绝对一致是不现实的。由于多种原因，决策的执行必然是一个矛盾的过程，监督人员的任务就在于及时发现执行过程中的矛盾。只有借助于监督控制，才能保证执行人员步步逼近决策目标。在工厂中产品质量检验人员就是监督人员。

国家的监察部门（监察部、检察院）、社会舆论团体、财务审计机关等则是专职的监督人员。一般来说，创业活动主体所创业活动的对象越复杂，监督人员越多、越职能化，其作用、地位越突出，创业活动主体的发展也越完善。而当创业活动主体系统发展不足或所管对象比较简单的部门，监督人员常常是由决策人员兼任的。但是不管在哪种情况下，监督人员都不得缺少，更不应由执行人员兼任。否则就等于取消了监督，"监""守"合一，就会给各种形式的"监守自盗"提供可能，从而使创业活动失控而流于混乱。另外，监督工作是一项十分复杂、极为严肃的工作，监督人员不仅要有相关的专业知识以便能敏锐、及时地发现问题，更要求有对事业的忠诚和对事不对人的高度责任心，敢于向上反映问题并督促纠正偏差。改革开放之初一些传统创业活动不重视监督人员的地位和作用，是导致传统创业活动落后低效的重要原因。

总之，创业活动主体系统是由上述四个子系统有机组合而成的，决策人员、智囊人员、执行人员和监督人员共同构成了统一的创业活动主体。其中，决策人员是整个系统的"大脑"和"灵魂"，决策是否恰当和及时，直接关系着创业活动的成败；智囊人员作为决策人员的助手，是整个系统的"外脑"或"思想库"，帮助少数决策者"运筹帷幄、决胜千里"；执行人员则是创业活动的"躯干"或"主体"，决策只有通过他们的创业活动才会变成现实；而监督人员相当于创业活动系统的"眼睛"和指示仪，对创业活动起着监控、调整、跟踪和定向等多重作用。在创业活动中，上述四类子系统必须各司其职、协同配合，如果其中任何一类人员不司其职、不尽其能，创业活动主体的创业活动功能就得不到正常发挥；如果互相掣肘、扯皮内讧，创业活动主体系统便会因内耗而解体。

3. 创新创业主体的行为方式

创业活动主体要想有效地开展创业活动，除了要优化创业活动主体系统之外，正确的行为方式同样非常重要。如果创业活动主体的行为方式不正确，即使是一个人员素质高、系统结构优良的创业活动系统，也很难实现良好的创业活动效果。

创业活动主体的行为方式即创业活动主体的活动方式或工作方式，是在特定的文化环境和组织环境中长期形成的思维定式和行为模式。文化环境和组织环境不同，创业者认识和处理问题的方式也不同，从而形成形形色色的创业活动行为方式或类型，主要有以下几种。

第一种，独断型。这是官僚主义创业活动方式之一种，其表现为武断自信，听不进别人意见，凡事无论大小皆由一人独断，要求别人绝对服从、唯命是遵。独断型是专制主义的基本创业活动方式，资本主义初期的企业主习惯于这种工作方式，工厂的一切大小事务悉由企业主一人独断。独断型是民主型的对立面，它将创业活动中的指挥决策职能片面放大，排斥民主决策和民主监督。在现代，这种创业管理形式显然已不合时宜。

第二种，放任型。这是与独断型刚好相反的另一种创业者工作方式，其表现为创业者不愿或不敢行使自身应有的权力，该管的不管，放任下属"自由"行事。放任型创业活动方式的产生有其复杂的历史文化原因，在现实中也存在各种各样的具体表现。中国道家"无为而治"的思想，资产阶级人道主义抽象的自由平等观，以及蔑视权力的无政府主义思潮，都可以诱发和导致放任型的创业管理方式。在现实中我们常常可以看到，有的创业者抱着"无为而无不为"的宗旨，以为少揽权才能发挥下属的积极性，结果适得其反；有人错误地将权力和民主对立起来，以为权力必然破坏人们的自觉性，结果这个集体因缺乏约束机制而各行其是，成了一盘散沙；有的领导视权力为祸水，害怕行使权力会触怒雇员而使自己孤立无助，因而对周围许多违纪甚至犯法行为装聋作哑、听之任之，等等。

第三种，事务型。这种创业者活动方式既不同于独断，独断型是指大小事个人独揽专断，具有排他性；也不同于放任，放任型是完全或基本放弃创业活动，任由他人擅行其是。所谓事务型的创业者活动方式，是指创业者分不清自己该管哪些事，常常忘记自己的职责而纠缠于不该管的事务，从早到晚、成年累月陷入数不清的日常事务当中。之所以出现事务型的创业者活动方式，主要原因是创业者缺乏现代经济活动的主体观念，忘记了自己在创业活动系统中的职责。

第四种，以事为中心。这是相对于以人为中心而言的一种较普遍的创业者活动方式。所谓以事为中心，是指创业者仅以工作为中心，而将人当作实现其工作目的的手段。具体说来，它可以区分为以盈利为目的的财务活动、以工作效率（生产效率或行政效率）为目的的经营活动和以产品质量为目的的质量控制活动三类创业行为方式。创业活动作为一种能动的特殊实践活动，有其明确具体的组织目的或行为目标，无论何种创业活动，都应提高工作效率并保证产品质量或服务质量；对于以企业创业活动为基础的创业活动，做好财务工作以保证其盈利，确实也是创业活动的重要目的之一。从这个意义上说，对以事为中心不能加以简单的责难，它作为创业活动主体行为的一种方式，应予以适当肯定。但是必须看到，这种方式并非理想的创业活动方式，而且可以说是一种失去根本目的、中心错位的创业活动方式。这是因为，任何一种创业活动都是通过人并为了人的群体活动，人既是手段，更是目的。产品质量、工作效率以及财务增收只是创业活动的短近目的而非根本目的。另外，为了提高工作效率、保证产品质量和使企业盈利增收，必须依靠组织成员的共同努力。可见，这种行为方式是建立在对人性错误估计基础上的创业活动方式，是轻视人的机械创业活动方式。如果说这种方式在一定时期或某些领域曾经并正在发生作用，那也仅证明当时的人或那里的人自主意识太低或太受压制。随着社会的进步、人的觉醒、创业活动对象的复杂化和现代化，这种方式显然已暴露出它的弱点和缺陷，迫使创业者转向以人为中心的现代创业活动方式。

第五种，以人为中心的民主创业者活动方式。这是现代社会普遍公认的最好的创业者活动方式，但又是创业活动主体难以准确把握的行为方式。这种创业活动方式首先要确认人是创业活动的根本目的，一切创业活动行为和创业活动工作最终都是为了满足人的需要。其次要确认人是创业活动的中心，一切创业活动工作、创业活动行为都应通过人来开展。这里的人不仅指创业者，也指创业组织成员。而要做到这一层，就不能将作为创业组织成员（一般说是指雇员）的人当作单方面接受创业者指挥的纯粹受动者，而应看成有追求、有需要、有权利、能创造的能动者。既然如此，传统的独断专制和习惯采用的以事为中心的创业活动方式就应被排斥在创业者的行为方式之外，创业活动就不再只是少数创业者的事情。要实现这一目标，创业活动主体需要做好如下几方面的工作：首先，充分尊重和信任广大员工，注意广泛吸取员工的意见，做到择善而从，并形成习惯和制度；其次，充分调动广大员工的积极性，培养他们的能动性和创造性，善于依靠人而不是仅仅依靠制度和命令去开展各项创业活动；最后，增加创业活动决策的透明度，使员工拥有必要的知情权。以上三点如果付诸实行，并成为创业主体自觉的行为方式，创业活动主体同雇员就能融为一体；进而使创业活动高效率地持续进行下去。

（二）创新创业的客体

客体是相对于主体而言的对象，创业活动主体所作用的对象即为创业活动客体。既然创业活动是其主体作用于其客体的特殊实践活动，因而在研究创业活动主体的规定、结构、创业活动体制和主体的活动方式之后，还必须进一步考察创业活动对象的规定、特点、组织结构和活动方式。[①]

1. 创新创业客体的构成要素

客体在一般意义上，是主体有目的、有计划相作用的对象。其中，凡被人们有目的、有计划地认识和考察的对象，就是认识客体；凡被人们有目的、有计划地加以控制和改造的对象，就是实践客体。因此，客体范畴是一个包容甚广的哲学范畴，凡人类思想所及和活动相加的一切对象，无一不可以客体相称。

---

① 刘帆. 大学生 KAB 创业精讲［M］. 北京：知识产权出版社，2013.

什么是创业活动客体呢？统而言之，即是人们常说的创业活动的对象。不过这种说法太概念化，为了使客体有其具体规定，明确创业者应当面对什么是一个十分关键的问题。一般可以认为，创业活动的对象是人、财、物三种基本要素；也有人认为时间和信息在创业活动过程中的作用很重要，要再加上时间和信息。

创业活动作为一种特殊的社会实践活动，是创业活动主体按照某种预定目的进行创业活动的特殊实践。因此，从事计划决策、组织指挥、控制调整的人是创业活动主体，而被计划、组织、指挥、控制的实践活动则是其被创业活动的客体这种客体不是通常意义上消极被动的静态客体，而是特殊意义上积极能动的动态客体；这种客体既包括实体性因素人、财、物，也包括非实体性的功能因素和结构因素，如人的思想状态、人的活动方式、人员组织结构、人与人的信息沟通以及被人控制的时空等等。创业活动客体之所以成其为创业活动主体有效作用的对象性客体，正是由于上述诸要素进入了被控制的实践活动领域。如果创业活动客体不是某一正在进行的实践活动，诸要素没有进入现实的实践活动领域，那么无论是人还是物，也无论是时间和信息，都不可能成为创业活动的对象。

因此，应当把创业活动客体确定的人的实践活动系统，即凡是构成实践活动的一切因素，都看成创业活动客体的构成因素。还应当指出，实践的类型是多种多样的，因而构成每种创业活动客体的具体要素也多少不一、性质各异，不能用经济管理的客体要素套用一切创业活动的客体要素。不过，从创业活动哲学的角度来看，无论何种创业活动客体，都是由从事某种实践活动的人和实践赖以进行的物两类要素所构成。其中，人的要素又包括人的思想（价值观念、意志情绪、认识能力）、人的行为（行为方式、行为趋向、行为方法）、人员结构（组织结构）和人际关系；物的要素则包括物资、资金、环境、时间、空间和信息等。下面是对上述因素的具体分析。

第一，人的思想。说人是创业活动客体要素，自然应包括人的思想，因为人是有思想的理性动物，而不是无思想的机器或动物。但是思想作为一种无形的精神现象，能成为人所影响的客观对象吗？如果可以的话，又该如何理解客体的客观性？答案应是肯定的。这是因为：人的思想虽然无形但并非不可捉摸；人的思想对于个人来说诚然是一种反映客观的主观，但当它作为被他人认识和影响的对象时，又是一种被反映被掌握的客观。列宁当年在考察革命的客观形势的时候，曾将被剥削者的情绪、希望、决心等精神状态列入客观条件之一，[①] 这说明创业组织成员的思想虽然是一种无形的精神，但对于创业者则同样具有可知性和客观对象性。创业活动

---

① 列宁全集第21卷［M］．北京：人民出版社，中文第2版，第189—193页．

既然是一部分人与另一部分人一起实现的某一实践活动，那么创业活动主体自始至终必先了解创业组织成员的意愿、控制他们的情绪、激励他们的热情、培育他们的才智、同化他们的观念，从而使创业组织成员的思想成为可预测、可感知、可跟踪控制的对象。

第二，人的行为。人的行为即人的现实活动。同人的思想比较，它具有明显的客观物质性和目的方向性。当人未进入创业企业的时候，其活动是由自己支配的自主活动，个人既是主体又是客体。而一旦进入创业企业，同创业者发生关系，其活动就不再是完全自主的，而必须受制于人，成为受创业活动主体支配的对象性客体。创业活动之所以可能，正在于一部分人的行为方式、行为趋向以至活动方法不能任由自己支配而须接受别人的引导、规定及至指挥。创业组织成员干什么、怎样干、为什么而干，都要由创业者来决定。在有的创业活动领域，创业组织成员的行为方法也成为被规范的对象，如在生产类的创业活动中，就可能依据泰勒的理念将工人的操作动作做出省时、省力、省料的一系列规定。当然，这不是说雇员的一切行为都必须接受创业者的严密控制，如果这样，人就成为毫无自立性和创造性的机器。

第三，人员结构。作为创业活动客体要素的人不是以个体的方式而是以群体的方式而存在。群体究竟以何种结构方式进行活动，对创业活动的成效影响极大。因此，创业活动客体要素不仅包括被创业活动的人的思想、人的活动，还包括人与人的组合方式或组织状态。创业者只有根据不同的创业活动目的来建立创业活动组织系统并根据情况的变化随时调整组织结构，才能使创业活动卓有成效。

第四，人际关系。人际关系是指组织内人与人之间发生的关系，它既包括创业活动主体之间的关系，也包括创业活动主体同雇员以及雇员之间的关系。正是由于组织内人与人的关系常常不和谐，需要调整，人际关系才成为创业者关注的对象。无论在什么样的人群系统中，人与人之间总会产生各种各样的矛盾，这是任何组织设计者预先不可能防止的，是不以创业者的主观意愿为转移的。设想建立一个无矛盾的组织系统，或对组织中人际关系中的不和谐感到不可理解甚至不知所措，显然是一种幻想和无知。

第五，物资。在哲学中，物质是相对于精神而言的客观实在，它包括很广，不仅财是物质，人也是物质。而物资则不是一个哲学概念而是一个经济学概念，它是指人类物质生产和生活不可缺少的自然资源、生产资料和生活资料。物资作为人们进行生产实践和生活消费的对象是显然的，但成为创业活动的要素则需要加以说明。当自然物资未进入生产和生活领域的时候，是以资源形式存在的，资源的种类主要有土地、森林、矿藏和水域等。自然资源进入生产领域之后，便被生产实践改造为材料、能源、工具、设备等生产资料，直接同生产资料打交道进行物资保管、设备维护及保卫的人员（如仓库保管和资财保卫人员）是创业企业基层人员；而从事产品供销计划制订、库存控制、物资调拨、设备引进或更新等工作的则属创业企业高层人员。生产过程完结、自然资源转变为消费品之后，还将经过分配和交换环节，最后进入社会消费领域；这其中每个环节仍离不开企业经济活动。物资是人类经济活动的对象，正是以各种不同形式的物资为客体，才形成五光十色的创业活动之网。

第六，资财。资财是资金和物资的价值表现。所谓资金，即用于某种活动的实有货币；所谓物资的价值表现，是以货币为价值尺度对物质财产数额（金额）所做的计算。人类自进入文明社会以来，无论从事哪类实践活动（特别是经济活动），都离不开对物质资料价值的正确认识和合理使用。而要正确认识和合理使用物质资料的价值；又必须合理地聚财、生财、用财。在商品生产高度发展的现代社会，要使创业活动更科学、更有效，资财无疑起着越来越重要的作用，也具有更加繁复的形式和内容。

第七，环境。环境又称组织环境，是存在于创业活动系统之外、影响创业活动系统的一系列因素的总和，包括生态自然环境、社会经济环境（如投资环境、市场环境）、政治法律环境、科技文化环境等。环境对于创业活动有两重性。其一，环境作为创业活动系统的存在条件，是既定的、外在的"编外因素"。一般来说，是环境选择决定创业活动系统；凡是适应特定环境的组织才能存在，与环境不适应者便会灭亡。在这个意义上，环境不是创业活动主体可以驾驭改变的客体。其二，创业活动主体既然是人，而人又有主观能动性，创业活动系统就不可能被环境左右，在一定范围内和一定条件下，它可以并且应当按自身的需要去选择环境、改造环境，与环境建立起互通物质、能量和信息的和谐平衡关系。在这个意义上，环境就成为创业活动主体的客体因素。当代中国创业者在确立某一战略目标、进行计划决策或是制定某一组织原则、开展创业活动的时候，总脱不开中国国情这个大环境，都必须从中国的资源、人口、社会主义制度和人口的科学文化素质以至道德民俗等条件出发。无视国情，盲目套用西方的创业活动形式和方法，必然导致创业活动的失败。有作为的创业者，都会在坚持四项基本原则的前提下，想方设法改造现有的环境，或者开发利用不利环境中的有利因素。可见，环境决定创业活动，创业活动又改造环境，这合乎马克思"环境创造人，人又创造环境"的辩证思想。如果看不到前者，会犯唯心主义错误；而抹杀了后者，就是机械唯物主义。

第八，时间。在哲学上，时间被看成是物质存在的基本方式之一。物质处在绝对的运动中，运动着的物质所固有的过程性、延续性和先后承续性，即是时间。创业活动客体诸要素，无论是人的要素还是物的要素，无一不同时间有关，或者说都在时间中运动、转换、匹配。因此，创业活动的客体要素不仅包括上述的人、财、物、环境，也包括时间。时间本身是不会被人所改变的，要充分认识时间的价值和提高时间的使用效率，就要求创业者对创业组织成员进行时限控制、时机选择和时效教育。创业组织成员是在一定的时间中活动的，因而创业者不仅要规范雇员的思想和行为，还必须对其活动的时间期限作出规定，否则就谈不上科学的创业管理活动。即使对于物（如库存物资）和信息，也应有时限控制，因为超过规定时限的物资可能变质，信息可能失效。时机选择是引导或指示创业组织成员恰当选择和准确把握某种机遇，充分发挥时间的效率价值，达到在正常情况下所达不到的目的。时效是指相同时限内的不同工作效率。时效教育就是向创业组织成员灌输时间就是金钱、时间就是生命、时间就是效率的观念，引导创业组织成员抓紧时间工作，在短时间内发挥出最大的效益。总之，虽然时间对每个人是无私公正的，时间本身具有不以人的意志为转移的客观性，但是人对时间价值的认识和利用时间的方式又大有差别。在现代社会，随着生活节奏的加快，时间作为创业活动客体系统的标量因素应当受到广大创业者的普遍重视。

第九，信息。信息是物质属性和关系的表征。无论是无机界、有机界还是生物和人类，都是通过它们各自的信息来显现其固有特征和相互关系。在自然界中，虽然客观存在着多种多样的信息，而且这些信息客观地经历着传递、接收、处理和反馈的过程，但这一切只是"自然"地进行着的，不存在信息控制活动。信控制与管理活动是人类为了解、沟通外界客观对象以提高其组织性而开展的自觉活动。美国贝尔公司的申农博士认为，信息是消除随机不定性的东西。其通信功能就是消除不定性，信息就是用被消除的不确定性之大小来衡量。控制论的创始人维纳也认为，信息和熵刚好是两个相反性质的概念，前者标志系统的组织程度，后者表示组织解体的量度，信息可以提高系统的组织性。由此可见，信息普遍存在于或者依附于物质和活动之中，并对任何一种系统的组织和运行状态发生自觉或不自觉的影响。因此，在创业活动中，任何一种客体系统如果要防止内部混乱而加强其组织性，就必须收集大量信息、分析整理有关信息，利用信息来进行科学的预测和决策，调整控制其创业活动客体，从而使组织系统内部保持和谐，建立与环境的稳态平衡矿相反，如果以为信息看不见、摸不着，不对信息加以关注和处理，那么这样的创业活动就可能会陷入"盲人骑瞎马，夜半临深池"的境地，完全是主观蛮干，毫无科学性可言。当代社会被称为信息时代，信息在现代创业活动中发挥着极其重要的作用。

综上所述，我们可以看到，实践活动作为创业活动的客体，包含着诸如人、财、物、时间、信息、环境等多种要素，是一个结构复杂的多元动态系统。离开系统论和创业实践活动孤立地分析创业活动客体要素显然是不可取的。

2. 创新创业客体的基本特点

创业活动客体既然是实践活动系统，那么它就具有实践的客观实在性、主观能动性和社会历史性等一般特征。既然它是作为创业活动主体所作用的对象性客体而存在，那么它同时具有可控性、系统组织性等具体特征。

（1）客观性。无论是客体中物的要素，还是客体中人的要素，创业活动客体的存在都是客观的，并不会因创业活动主体的意志而转移。它们的存在都是客观的。其中，物、财、信息、环境、时间等要素，其客观性是不言而喻的，它们各有其自身的内在属性和运行规律。作为创业活动客体的人虽然是有目的、有意识的，但人的存在及其活动同样是客观的，同样服从于一定的客观规律，创业者不能随心所欲地对其施加影响。创业活动客体的客观性说明并要求，创业活动主体的一切活动首先必须从客体的现状出发，遵循唯物主义的实事求是原则。如果仅从创业活动主体的愿望，而不从创业活动客体的现实存在出发，就创业活动就会被引向错误的深渊。

（2）主观能动性。是专指创业活动客体中人的能动性或主动性。首先，从属于创业活动客体的人具有受动性；其次，人这种创业活动客体又不同于物这类客体，而是进行实践活动的主体，有其支配、改造客观事物的主动创造性。也就是说，人既是创业活动中被动的对象性客体，又是实践活动中能动的创造性主体。没有人的这种主动创造性，就不可能有真正成功的创业活动。另外，即使在创业活动中，作为创业活动客体的人也并非只具有客体的性质，很多场合他们也同时参与部分决策和部分监督的工作，这种参与也体现着他们的主动创造性。如果创业活动客体的人不主动发挥作为人的主动创造性，或者创业者不把创业活动客体中的人当人看而当物看，创业活动客体就失去了它的活力因素，其结果也就谈不上真正有效的创业活动。

（3）社会历史性。它包括两层含义：一方面是说，创业活动客体系统及诸要素是在社会大环境中形成的，不可能脱离一定的社会环境孤立存在。或者说，创业活动客体不是绝对封闭的系统，而是作为社会大系统的一个子系统与其环境进行物质、能量、信息的交换。如果脱离人类社会，人既不能作为客体身份进入某一创业活动系统，物也不能成为创业活动的对象或客体要素，同时更不能耦合为完整有序的创业活动客体系统。另一方面是说，创业活动客体及要素既然存在于社会大系统之中，那它将随社会历史的变化而不断变化，以保持它与社会环境的动态平衡。因此，无论是历史上还是现实中，没有一成不变的抽象的创业活动客体，只有变动的具体的创业活动客体。设想有普遍适用、千古不易的客体模式，是一种不切实际的形而上学观点。

3. 创新创业主体和创新创业客体的辩证关系

创业活动主体和创业活动客体作为创业活动大系统的两极，其性质、结构和功能如上所述，是完全不同、截然对立的。无论何种创业活动，总是由特定的创业活动主体和与之对立的创业活动客体构成的。

但二者除去上述对立的一面，还存在相互联系、相互制约和相互转化的辩证关系。研究二者的辩证关系，可以从动态上把握创业活动的实质。

首先，创业活动主体和创业活动客体作为创业活动实体系统的两极，是以对方为其自身存在的条件，一方离开另一方，二者将不复存在。创业活动主体之所以居于主体地位，是因为存在着可供他们支配的客体；创业活动客体之所以成为被支配的客体，是因为必须追随、服从创业活动主体。如果没有创业活动主体，创业活动客体就无从谈起。没有创业活动客体，也无从形成创业活动主体。可见，创业活动主体和创业活动客体之间是一种相互依赖的关系，二者的性质和地位是相互规定的。

其次，创业活动的主客体之间相互制约、相互作用。因为创业活动客体受其主体的制约，因此人们常常将创业管理活动单方面理解为创业者对创业组织成员主动施加的种种影响。其实，创业管理活动绝非创业活动主体作用于创业活动客体的单向活动，而是二者相互作用、相互制约的双向活动，在创业活动过程中，创业活动主体也受到创业活动客体的作用和制约，这表现为：第一，所有创业计划必须根据创业活动客体的现状做出，创业活动主体不能离开创业组织的现实情况来做计划；第二，创业计划的实施有赖于创业活动客体与创业活动主体之间的协调，特别有赖于作为客体的人与创业者的合作。如果创业活动客体不予合作，创业活动便无法开展；第三，创业者的行为不能是任意的，如果任性妄为，一意孤行，就会出现各种形式的（公开的和隐蔽的）不合作行为。可见，创业活动绝不是创业活动主体单方面作用于创业活动客体的单向活动，而是创业活动主体和创业活动客体相互制约、相互作用的双向活动。创业活动不应仅仅理解为创业者的能动活动，而应理解为创业者和创业组织成员的互助合作活动。

最后，创业活动主客体的统一是具体的、历史的统一。创业活动作为重要的社会实践活动，是与人类历史相始终的。社会的人划分为创业活动主体和创业活动客体，也是绝对的、不可能改变的。

（三）创新创业的主体和客体的矛盾运动

矛盾充斥着整个世界，存在于各个领域。创业实践活动是一个充满矛盾的系统，其过程即是解决各种矛盾的过程。如在决策过程中，存在着主观目的和实现可能的矛盾，组织目标和社会利益的矛盾，智囊人员同决策人员的"谋""断"矛盾；在具体实践过程中，存在着上下级之间的矛盾，职能部门之间的矛盾，同级人员之间的矛盾；在调整控制过程中，存在着计划与执行的矛盾，环境和组织的矛盾，离散和协调的矛盾，等等。

在各种各样的创业活动矛盾中，究竟有无一种贯穿创业活动过程始终、决定创业活动基本性质的矛盾呢？笔者认为，这对矛盾就是创业活动主体和创业活动客体之间的矛盾。由于这对矛盾决定着创业活动的基本形式和基本性质、引发了其他矛盾的产生并制约着其他矛盾的解决，因此，研究这一矛盾便成为研究创业实践活动的一个有意义的命题。

在一般意义上，创业活动主客体的矛盾是指充当主体的人同作为客体的人和物之间的对立统一关系。但是，人与物的矛盾又可归结为创业活动过程中人与人的对立统一关系，它分别表现为利益和责任、指挥和服从、纪律和自由、控制和反控四类典型矛盾现象。

1. 利益和责任的矛盾运动

利益是满足人们物质需要和精神文化需要的范畴，人们有多少种需要，就有多少种利益；不同时代和不同国家的人有不同的需要，判断利益也就有不同的社会历史标准。责任作为与利益相对的概念，是指人们在社会中所承担的义务和应负的职责。人们要从社会或组织那里获得利益的满足，就必须担负相应的社会义务和尽到一定的责任。如果不负责任，就无权得到相应的利益；反之，不满足一定的利益，人们也就无责任可言。

创业活动的发生和开展，首先依赖于组织成员合理分担一定的责任和获得相应的利益。为了各自的利益，组织成员走到了一起，并且形成了创业活动组织系统。相反，人们若无利可图，也就不会结合为组织，当然组织也就不会存在了。既然为了各自利益协同起来组成了组织，并达到利益最大化，在组织内部就必然有分工。有利益，就要相应地承担一定的责任。否则，就不可能进行有效的创业活动，自然也无法满足自身的利益。因此，创业活动要得以正常开展，必须明确每一组织成员的责任和满足其应得到的利益。其中，创业者有其工作责任和与之相应的利益，雇员也有其工作责任和与之相应的利益，只有当二者各尽其责、各得其利的时候，主客双方才能耦合为一个动态组织系统，创业活动才得以持续有效地进行下去。

但是在创业活动中，利益和责任又常常是不统一的。这是因为，利益作为满足人们需要的表现形式，具有一种由外到内、由人到己的收敛性和排他性。如果缺乏有效的组织约束机制，无论是个人还是组织都会本能地唯利是图。相反，责任意味着为他人和组织作贡献，它具有由内到外、推己及人的社会发散性和自觉性，只有通过有效的组织约束和道德教化，它才能使组织成员树立责任感，对自己的行为负起社会责任。作为地球上具有最高级思维能力的人类，是从动物进化发展而来的，因此其趋利避害的本性是不可能被完全消灭的，只有减少这种本性并且增加他们的社会性。也就是说，趋利是人的本能，责任是人的后天获得和社会再造，利益和责任的相互排斥实际是由人的生物性和人的社会性之间的对立决定的。创业活动过程之所以无法避免这一矛盾，也正是因为这一原因。创业活动为何如此重要？正是为了使利益和责任统一起来，以免出现唯利是图和逃避责任的情况。

2. 指挥和服从的矛盾运动

"指挥"是一个组织学概念，其意是说创业者运用权力对下属雇员行使指导、施加影响的行为过程。

"服从"则相反，它是指在创业活动中下级接受上级的指令、按照上级的意图而运作的过程。创业活动的重要原则就是指挥统一、令行禁止。如果放弃指挥或者拒不服从，创业活动就不可能进行。指挥无方或服从勉强，创业活动就很难有效果。在创业活动实践中，指挥和服从不是自然达到统一的，而是在经常的矛盾运动中求得一致的。之所以会经常出现矛盾，大致有以下一些主要原因。

第一，利益分配不公，雇员因感到没有利益可图，因此拒接服从指挥。假如利益分配不公，他们就会采取各种行为来对抗创业者的指令。

第二，不统一的价值观念。创业活动既是组织内少数创业主导者的事业，也是组织所有成员共同的事业，它需要大家对组织目标取得共识，上下要有共同的价值观念。但是在实际生活中，人和人的社会地位、主观需要是不完全相同的，基于不同的社会地位和主观需要，各人的价值观念也不可能自然地取得一致。尤其是创业者和雇员，由于他们处在不同的地位，价值观念存在着明显的区别，二者经常发生观念冲突，这就使创业者发出的指令受到雇员的抵制或曲解。

第三，组织内的少数创业主导者有权无威，指挥不当。创业活动的指挥权虽是必要的，但指挥是否得到相应的服从则取决于掌握权力的创业者有无威信，指挥是否得当。只有既具有权威、又指挥得当的创业者，才能不仅从信息上而且从情感理智上与雇员沟通，从而得到他们的信任、理解和拥戴。而有权无威的创业者，其指挥要么是强迫命令、滥用职权，要么朝令夕改、意气用事，其结果或者遭到雇员的抵制，或者使雇员被迫屈从或盲目服从。雇员的抵制显然会导致指挥的落空；屈从或盲从只是表面上的服从而非自觉的服从，同样会使指挥失去真实的对象而成为虚假的指挥。

可见，在有分工、有协作的组织系统中，以指挥为一方的创业者和以服从为一方的雇员处在经常的矛盾状态中。创业者越是使用强制命令，雇员越是被迫屈从或盲目服从而丧失主动积极性和创造性；而雇员的屈从和盲从一旦成为一种习惯或通病，创业者又愈益习惯颐指气使、滥发指令。如此恶性循环，就会影响创业目标的实现。

要避免这种情况，应当做好如下几方面的工作：第一，指挥不应采取简单的强制命令，而应伴之以说服、指导和激励，使雇员心服口服、自觉服从；第二，指挥应以上下共识为基础，服从则以真理为前提。反对不管下情的瞎指挥，提倡服从真理，尊重权威；第三，力求指挥的正确和服从正确的指挥，为创业者和雇的关系创造一种良性循环的格局：创业者越是充分考虑雇员的利益，雇员越会自觉服从其指挥；同时，雇员越是服从创业者的指挥，支持创业者的工作，创业者的指挥就越有效，积极性越高，越能体现集体的智慧，使全体组织成员利益最大化。

3. 纪律和自由的矛盾运动

要行使创业者的指挥权，组织必须制定纪律；而要变盲从、屈从为自觉的服从，以发挥广大雇员的主动创造性，又需要自由。

纪律和自由是创业活动中的又一对矛盾，二者也常常通过创业者和雇员的关系表现出来。所谓纪律，是为实现组织目标、保证创业活动有序地进行而制定的各种行为规范，它主要是由创业者来监督执行。自由有多重含义，在创业活动中主要是针对组织纪律而言，主要指雇员在纪律允许的范围内行动的自主性和行为的自觉性、自律性。创业活动之所以能够进行，既要有统一的组织纪律来规范人们的行为，统一大家的行动；又要有一定的自由，以使个人能独立地开展本职工作。没有纪律，就无法约束人们的行为而使组织形成合力，自然也就谈不上实现创业目标。没有自由，组织成员的一言一行都得按创业者的指令行动，活人就会因丧失自主性和自觉性而成为完全由人操作的机器，同样谈不上实现创业目标。由此可见，纪律和自由作为矛盾的两个侧面，是相互依存、彼此作用的。创业活动在一定的意义上，就是创业者代表的组织纪律和雇员代表的个人自由这二者之间的对立统一过程。但是，纪律和自由的对立统一运动不是自发完成的，它作为社会规律之一，必须通过人们的正确认识和具体的创业实践活动才能实现。在创业活动中，要防止以下两种错误倾向。

第一种是只强调纪律而排斥自由的倾向。这种倾向将创业活动片面地理解为对组织成员的纪律约束和行为强制，试图将人们的一切言行都统统纳入可控的范围。在这种倾向的影响下，纪律就是一切，人们的一言一行无不受到组织的限制和创业者的监督。自由在这里没有合法的地位，人们的主动创造性被看作不安本分而受到鄙视甚至遭到惩戒。持这种观点的人无法理解纪律和自由的辩证关系，始终意识不到没有自由便没有人们对纪律的自觉遵从。久而久之，一方面，雇员因被剥夺了自由，必然会产生对抗情绪或变得麻木呆滞，纪律无法起到真实的效用；另一方面，也助长了创业者的专擅任性，使之我行我素、唯我独尊，成为纪律的破坏者。这样一来，本来人人都应享有的自由和人人都需遵守的纪律就发生两极分化：一极是雇员，他们只能遵守纪律而无权享有自由；另一极是创业者，他们享有自由而无须遵守纪律。显然，这种创业活动模式既践踏了自由又破坏了纪律，它充满压迫、强制、屈从、愚昧和逢迎气息，是一种极其脆弱又极为霸道的方式，很容易引发社会问题。

与只讲纪律、不讲自由的倾向相反的另一种极端，是只讲自由、不讲纪律的自由主义倾向。自由主义者肯定人的自我力量、尊重人的自由创造、批判专制主义蔑视人的种种观点，无疑具有部分的真理性。但是自由主义者对自由的理解是片面的，他们认为纪律是自由的敌人，任何纪律对自由都只能是一种有害的束缚，自由是绝对不受他人约束。自由主义有其深厚的社会根源，分散的小生产经济是它们滋生的温床。列宁曾说，小生产习惯于散漫，自觉地不遵守纪律。事实正是如此。

纪律和自由的辩证统一为创业实践的健康发展提供了根本的保证。为了维护组织利益和个人的尊严，既不允许任何人破坏纪律，也同时保护个人的自由。因此，要求创业者在创业实践活动中既要警惕无视自由、只讲纪律的专制创业活动方式，注意尊重雇员的首创精神，维护人们的自由权利；又要反对破坏纪律的极端自由主义，严格组织纪律，培养遵守纪律的良好习惯。

4. 控制和反控的矛盾运动

控制的含义有很多种，其中最基本的含义有三种：第一种是普通控制的含义，第二种是管理学中控制的含义，第三种是哲学上控制的含义。普通控制的含义是指在一个闭环系统中通过信息的传递和反馈过程，控制系统对被控系统所施加的目的性活动，以使被控系统在规定的限度内活动。普通控制的含义，运用到管理学中时控制的含义是指创业者追踪计划执行情况，捕捉偏差信息，调适计划和执行的关系，保证人流、物流信息流按组织目的定向流动的职能活动。在哲学上控制的含义也可以是主体能动作用于对象性客体的实践活动，凡是人类的实践活动，无不包括主体人对它作用的对象活动的定向控制。由于，创业活动是一种很特殊的时间活动，所以，控制也可以解释为创业活动主体对作为雇员的人的行为的干涉、强制和引导。[①]

由于创业活动中的控制是人与人之间的约束行为，因此在控制别人的时候也会

① 陈麟宇. 创业是一种信仰：大学生必上的十堂创业课 [M]. 北京：中国财富出版社，2014.

被对方反控。这是必然的道理，如果没有反控的话，那就不是所谓对人的控制，而是一方压制，另一方的绝对服从。

从哲学的角度分析，控制和反控在创业的实践活动中，就是作为一对矛盾存在的。主要反映了创业活动的主体和客体的对立统一关系。

第一，控制活动的主体是制定创业目标、实现创业目标的活动过程。在实际的控制活动中，创业者要千方百计的通过各种方式向雇员传达创业的目的，让雇员理解并且接受创业者的创业目的，这就是思想控制。但是有的时候处于客体的雇员不能完全理解和接受创业者意图，因为每个人都自己的思维方法、文化程度和价值观念。所以他们都是有选择的接受，有时候也会按照自己的想法接受创业者的思想，有时候也会出现道不同不相为谋的情况，这就使雇员有逆反的心理，就会有反控的情绪出现。所以，在控制的过程中也不是一帆风顺的，创业者传递给雇员的思想，有时候会遭到雇员当面或者背后的反对，创业者个雇员的思想完全是连个方向，很难形成统一，这就形成了思想控制和反思想控制的矛盾。

第二，控制不仅仅是创业者进行思想控制，为了保证创业者思想的正确贯彻，雇员还要对创业者的思想进行执行和纠正。这样的控制叫做行为控制。但是，现实中的，雇员都是人，不是物，人都有自己的思想和意识，每个人的喜恶不同，而且人在心里面也不喜欢别人的监督，因此形成了反控制。心理学研究表明，人们一般会有为自己辩解找理由的习惯，在心理上存在一种保护，尽最大的努力，排除令人不高兴的消极感受。最明显的例子就是现代人，现代人的自尊心和独立性都很强，尤其是不习惯让别人牵着鼻子走，听别人指指点点的，就算是自己错了，也不会公开承认。所以，当雇员犯错误的时候，创业者对雇员的错误进行公开的指责、批评，甚至是当着众人的面惩罚，以儆效尤。这时，雇员心理会不舒服，更有甚者会当面和创业者发生冲突，在场或者不在场的其他雇员，由于他们的立场一致，会同情受指责的雇员。一旦创业者习惯用这样的控制方式，时间长了就会处于不利的地位，反控行为愈演愈烈，最终形成对控制的一种抵御行为。

第三，控制是对创业者创业计划进展情况的跟踪分析，把收集到的信息放到决策系统中进行整理。偏差大体分为两种：第一种是创业者的计划按照正确的方向执行，但是执行不力时发生的偏差；第二种是创业者的计划部分不正确或者是全部不正确时发生的偏差；当创业者要求雇员执行不正确的计划时，最开始因为矛盾没有暴露，雇员能够按照计划做事。但是随着时间的推移，各种矛盾都会暴露出来，雇员越来越感觉创业者的计划不切实际很难实施。雇员就会中断原来的计划，有的就是按照自己的想法行动。这也可以是一种反控行为，而且是非常普遍的反控行为。因此，在错误计划被反馈到创业者、做出修正之前，创业者和雇员之间便形成一种

"博弈"格局，一切都是对着干。人们常说的"上有政策，下有对策""你说你的，我干我的"，或者"阳奉阴违"，大多数都是因为创业者的决策失误或者计划不合理引起的反控行为。既然这些计划一开始就不符合实际，所以一些反控行为的出现就不足为奇了。

以上可以看出，控制和反控制在哲学上是普遍存在的一对矛盾，但是，必须处理好以下几种关系，才能使二者同意。

首先，要统一创业者和雇员二者的价值观念，正确处理二者的利益关系。追起反控现象的根源，是由于创业者不能公正的处理和雇员之间的利益关系，导致价值观念和利益关系之间的矛盾。为了使这种反控行为的矛盾得到避免。在日常的工作中，创业者要尽可能的做到公平、公正，让全体人员意识到创业者的目标也是每个人自身所追求的利益目标。

其次，要正确处理主观和客观、需要和可能、目的和手段的辩证关系，创业者的决策要做到尽量比较科学、切实可行。反控行为的产生还有一个原因，那就是创业者的决策不符合实际。为了能更好的解决因创业者决策失误而引起的反控行为。就应该制定符合实际的决策目标，反对主观主义和形式主义，使一切目标从实际出发，而不是从可能出发。此外，在执行决策计划的时候出现偏差，显示出了原来计划不错误之处，创业者就应该及时修改原来的计划，而不是自以为是，妄自菲薄，将责任归到雇员的身上。所以，很多控制者把尊重科学、尊重雇员作为座右铭，时刻的提醒自己。不能妄自菲薄，想当然的瞎指挥而引起反控行为，对创业者的创业是非常不利的。

最后，正确处理创业者和雇员之间的关系，创业者和雇员之间要经常的沟通交流，做到彼此了解。反控行为产生的原因也有就是上级和下级的感情不好造成的，最主要的还是创业者在执行计划时对雇员的方式简单、行为粗暴。所以，创业者和雇员平时很应该多了解、多沟通，增进友谊，增强感情，避免因冲突引起反控行为。当雇员出现错误的时候，创业者要冷静处理，不要一味的责骂，启发雇员自己认错，自己改正，最好不要当众教训，更不能以惩罚相威胁。

第二节　中国高校创新创业教育的发展沿革

我国的创新创业教育的发展是在引进和吸收西方的创业教育理念基础上，结合自身情况和时代发展的需要不断探索的过程。政府在其中起到了重要的主导作用。与国外不同，我国创新创业教育发展是一个由政府自上而下地推动，试点高校积极响应进行试点探索，政府在试点高校经验成熟后进而在全国推广的过程。

从 2002 年 4 月，在教育行政部门的引导下，我国高校创业教育开始了多元探索的发展历程，在 9 所大学开展创业教育试点工作，到近期评选出首批全国高校创新创业 50 强，创业教育在我国高校已走过 10 多年的发展历程。在这一过程中，创新创业培养高校逐渐增多、实施规模逐步增大、理论研究逐渐深入、教师队伍逐步壮大。现在，创新创业教育工作在我国已经取得了一些成效，为我国创兴创业教育积累了理论和实践经验。我国创新创业教育正以强大的生命力和迅猛的发展速度，朝特色化、纵深化、精细化发展。

根据其发展沿革，可以将我国高校创新创业教育的历程划分为四个阶段。

一、创新创业教育的引入试点阶段

1998 年 10 月，联合国教科文组织在巴黎召开的世界高等教育大会上发表了《高等教育改革和发展的优先行动框架》和《21 世纪高等教育：展望和行动世界宣言》。这两个文件都强调，为迎接知识经济时代的新要求，高校应把培养学生的创业能力摆在教育的突出位置，以培养出适应知识经济时代要求的优秀学生。为了提高全国人民的素质、培育国民的创新能力，全面推行教育改革、促进教育发展，引进并学习国外先进的创业教育经验和落实我国科教兴国的战略，国务院在 1999 年 1 月批转了教育部的《面向 21 世纪教育振兴行动计划》，第一次正式提出"要加强高校创业培养能力，鼓励学校培养高层次创业人才"。这是我国政府文件中首次提出"创业教育"概念。在此之后，国内一些高校开始积极探索创新创业培养理论和途径，加强国际交流和经验借鉴。

教育主管部门全面予以支持部分高校对创业教育的积极探寻求索，并于 2002年 4 月确立创业教育改革试点高校，国内重点高校，如复旦大学、南京大学、西安交通大学就包括在内。以政策倾斜、资金支持等多种办法，鼓励试点院校积极探索创业教育培养模式。至此，创业教育在我国落地生根，进入多元化发展的新纪元。

二、创业教育与职业发展的对接阶段

青年就业问题是世界各国共同面临的挑战，而对于我国这样的人口大国来讲，青年就业问题更是难上加难。自我国开始实施高校招生政策以来，高校毕业生的规模和人数不断激增，完全超出政策预期。就在 2001 年到 2010 年短短 10 年之内由最初的 117 万人激增到 630 多万人。高校扩招实施后第一批 2003 届毕业人数较 2002 年激增 67 万人，达到 212 万人。以接近 50% 的比例增长。致使高校毕业生面临史无前例的就业压力。许多毕业生为寻得工作，不惜自贬身价，博士生挤占硕士生的工作、硕士生抢占本科生的工作，甚至"零工资就业"的现象也是频现。

共青团中央、全国青联与国际劳工组织于 2005 年联合开发了一项具有中国独特风格可吸纳国际超前经验的 KAB 创业教育项目。此项目应势而生，可以解决青年就业困难的问题，在知识经济时代中更好的培养出青年的创业思维和技能。2006 年，就教学课程、实践项目和师资力量建设几个方面首次批准清华大学、中国青年政治学院等 6 所高校成为试点院校，创建创业教育生态体系。

在我国创新创业发展历程中，共青团中央通过引入和推广 KAB 创业教育项目，极大地促进了我国创新创业教育的普及、认同和发展。在 KAB 创业教育项目刚开始引入中国时，创业还被很多学生和家长批评为"不务正业"，创业教育一直处于很边缘化的地位。伴随着 KAB 项目的推进与发展，国家层面越来越重视高校的创业教育，开始加大创业教育的宣传力度，提高对高校创业教育的投入，逐渐改变了人们对创业的偏见，统一了人们对创业的认识，并将创业教育与大学生的能力提升、职业生涯规划联系起来进行培养，使得创业教育受到越来越多老师和家长的认可与支持，为我国高校创业教育进入快车道扫清了思想障碍。

三、支持国家创新创业战略、创新创业教育的全面实践阶段

一个阶段的高校学生创业实践改革摸索过后，创业教育者们开始注重培育具有创业才能的新型人才，建立健全创新人才战略模式。继 2002 年以 9 所高校为试点进行的创业教育改革后，在 2008 年，教育部进一步扩大了创业教育实践的规模，立项建设了 32 个创新与创业教育类人才培养模式创新模拟试验区。此次试验区别具一格，有异于以往改革的内容和特征。其中最引人瞩目的当属试验区不再生搬硬套，而是根据各院校的具体办学、区域情况，制订适宜的办法，精心摸索出具有新意的创业教育人才培养模式，走出了一个符合自身创业教育发展的新模式；另一方面是试验区覆盖的高校不断增加，截止目前已在 15 个省市覆盖了 30 所高校。试点

院校既包括在改革路上率领为先的哈尔滨工业大学、南京大学、复旦大学等高校，也有在对创业教育积极参与并且卓有成效的中山大学、温州大学、上海对外贸易学院等高校。在这批试点高校比较集中的地方，国家已经将其划入国家级人才培养模式创新实验区，这一举措的实施对其他高校起到了良好的带头引领作用，形成了极其优越的榜样效应。激励着不同层次的院校探索研究出适合自己的创业教育发展模式。

2010 年 5 月，教育部颁布了《关于大力推进高等学校创新创业教育和大学生自主创业工作的意见》，第一次把创新概念和创业教育联系起来，这充分贯彻了党的十八大提出的"着力提高教育质量，培养学生创新精神"和"推动高等教育内涵式发展"的发展战略。该"意见"要求高等学校创新创业教育要面向所有学生，融入人才培养全过程。并明确指出深化高等教育教学改革、培养学生创新精神和实践能力的重要途径就是在高等学校开展创新创业教育；促进高校毕业生充分就业的重要措施就是落实以创业带动就业。同月，教育部高等学校创业教育指导委员会成立，进一步加强了我国高校创新创业教育的研究、咨询、指导和服务的力度，并鼓励和帮助各高校从自身的实际条件出发，如学校的类型、层次、特点和所处区域，以期探索、建立和形成多种多样的创新创业教育模式。

国家出台的一系列举措为我国创新创业教育急速前进提供了组织保障，打下了坚实的制度基础。

教育部在 2012 年 8 月颁发了《普通本科学校创业教育教学基本要求（试行）》文件。该文件有效推动高等院校创新创业教育工作。并且明文规定，将创业教育作为高校开展创业教育的必修课。根据《基本要求（试行）》的规定，课堂教学应为普通高校创业教育的主渠道，课外活动、社会实践应为其重要途径，全面高效培养学子们优化创业资源、策划创业计划以及管理和提升企业的综合素质。要求高校把创业教育教学纳入学校改革发展规划，纳入学校人才培养体系，纳入学校教育教学评估指标。与此同时，我国高校创业教育的教学大纲和面向全校学生进行创业教育的教学理念在《普通本科学校创业教育教学基本要求（试行）》中首次系统性地提出和明确，确立了第一课堂与第二课堂深入结合的教育模式。《基本要求（试行）》的发布提升了高校对创业教育的系统性认识，也为提供有利于全体学生职业发展、学生终生适用的创业素质和技能教育奠定了坚实基础。

四、扎实推进创新创业教育深度发展的实践阶段

2015 年，"大众创业、万众创新"的号召首次被李克强总理在政府工作报告中提及。2015 年 5 月，《国务院办公厅关于深化高等学校创新创业教育改革的实施意

见》出台，全面部署深化高校创新创业教育改革工作，并制定出高校创新创业教育改革计划表，即 2015 年起全面深化高校创新创业教育改革，2017 年取得重要进展，形成科学先进、广泛认同、具有中国特色的创新创业教育理念，形成一批可复制可推广的制度成果，普及创新创业教育，实现新一轮大学生创业引领计划预期目标。到 2020 年建立健全课堂教学、自主学习、结合实践、指导帮扶、文化引领融为一体的高校创新创业教育体系，人才培养质量显著提升，学生的创新精神、创业意识和创新创业能力明显增强，投身创业实践的学生显著增加。文件还明确指出，高校要设置合理的创新创业学分，建立创新创业学分积累与转换制度，实施弹性学制，放宽学生修业年限，允许调整学业进程、保留学籍休学创新创业。各地区高校要深入落实把立德树人作为教育的根本任务的理念，主动适应经济发展新常态，以推进素质教育为主题，以提高人才培养质量为核心，以完善条件和政策保障为支撑，促进高等教育与科技、经济、社会紧密结合，加快培养规模宏大、富有创新精神、勇于投身实践的创新创业人才队伍。该文件的印发明确了推进高校创新创业教育的目的、方式方法以及目标，标志着我国创新创业教育向纵深化、精细化发展。

现阶段，我国高校创新创业教育是理论研究和实践探索有机结合的产物。学者们对创新创业教育内涵的认识在经历了替代论、整体论、综合论、融合论的发展历程后，进入分层、多元发展的新阶段。就研究模式与层次而言，主要呈现四个方向，一是认为应从顶层设计出发，以政府政策为导向，借助政策引导与政府扶持方式推动创新驱动发展战略，加快推进大众创业、万众创新，提出科学地制定创业政策，对创业者行为的有效激励是顺利实现经济的转型和新常态下的经济可持续发展的重要途径。各地政府应出台相应的政策与措施，将区域创新创业和产业与政策融合。在此基础上，通过反思大学生创业政策，提出应依据创业周期来构建大学生创业政策体系，改善大学生创业政策效果。二是从组织层面出发，认为学校管理者支持、教师学科背景、教学方式展是创新创业教育的关键因素。三是从高校创新人才培养目标出发，认为创业教育应着重创业课程品质的发展，建立创新型人才素质结构。若创业课程缺乏正式的教学模式来维持学生的学习兴趣，创业教育难以持续，因此，应着力专业课程方面的课程，完善高校创业教育运行体系。四是从生态系统观念出发，认为创新创业教育应该同时涵盖创业参与主体和创业环境，应加强创业实践与保障，建立创业企业、大型企业、政府、大学及科研机构、投资机构、中介机构以及文化、市场、制度、社会系统保障的综合的生态系统。

第三节　中国高校创新创业教育的主要内容

一、创业意识与创新能力的培养

意识是人对外界事物的能动反映，是精神的初级阶段。创业意识表现为对创业的认同与赞许，不但是是指人对创业这一客观事物的积极反映，也是形成创业精神的。创业的核心是创新，那么创新就要改变传统的工作方法以及思维方式，也就是需要摆脱陈旧的的思维模式，克服习惯性阻碍。因此，创业意识不一定自动形成，应该施加影响才能形成。开展学生创业教育就是要增加影响，使其创业意识逐渐形成。意识是行动的内在动力，意识支配自觉的行动。因此，意识是行动的先导，同样创业意识也是创业行动的先导，没有创业意识创业行动就无从谈起。因此，大学生创业教育的主要内容也就变为大学生创业意识的培养。对于大学生创业意识的培养应该营造重视创业、赞美创业、支持创业的环境氛围，而不是简单地依靠开设几场创业教育讲座或几门创业课程，而要在专业教学过程中不断地灌输创业思想就显得尤为重要，从而使学生逐步形成强烈的创业意识。

精神是已经形成了牢固基础并且能够支配自己行动和影响别人行动的人的内部力量，同时是自我意识的升华，也是人对外部世界能动反映的最高阶段。精神不仅可以感染别人，成为别人的内驱力。而且一旦形成就不容易消失，因此创业精神也是支配创业主体战胜困难、克服阻力、走向成功的强大的内动力。创新创业精神的本质着重于创新活动的行为过程，并且贯穿于这一过程的始终。在具体的创业实践中，这种精神表现为雄心壮志、开拓进取、勇于创新、艰苦奋斗、勇担责任、团队合作等精神品质。创新创业精神是成功的企业家应该具备的最重要的特质之一。培养学生的创业精神是创业教育面临的首要任务。创业精神和创业教育的培养要与大学生创业心理品质的养成联合起来，事实上，创业意识的组成是由于创业的心理品质构成了创业意识和创业精神的心理基础。

创新能力是否定旧事物、创造新事物的能力，是培养大学生能够在运用已有的和所学的科学文化知识及其技术的基础上，创造出优质的产品、独特、新颖的想法、服务的能力。因此需要从三个方面培养大学生创新能力。第一，健全大学生知识体系、强化通识教育。创新不仅要求大学生有有健全的知识体系，还要精通专业知识，而且创业要求大学生的知识体系体现出博与精的统一。创业活动要求大学生多角度、全方位地思考问题，解决问题，和日常学习活动远远不同，大学生想要在创业中遇到的困难迎刃而解。只有做到博与精的统一。第二，积极鼓励大学生举办创业大赛，培养其创新能力。承办创业大赛，给大学生提供创业平台和创业机会。让他们走出校门去参加在高校间、社会上极有影响力的创业大赛，来锻炼大学生的创新能力，培养创业个性，积累创业经验。第三，多参与社会实践，掌握创业的第一手资料。应从理论教育与实践教育相结合方式培养大学生。对于大学生而言，培养其创新能力的重要环节是积极有效的社会实践。可为大学生多提供一些与自己创业项目及意向关的实地调查研究机会和条件，让大学生多掌握一些创业的一手资料，为日后的创业积累宝贵的实践经验。

二、选择合理的创业目标

目标是行动的指南，大学生创业目标决定了创业行动的最终效果。

影响创业目标的选择需要考虑多种因素：1. 社会需要。大学生具有丰厚的文化底蕴和知识储备，是祖国事业的建设者和接班人，是国家的希望和未来，把祖国建设的需要作为自己追求的目标，应该是大学生追求的目标和自我价值的体现。对于大学生来说，怎样选择创业目标，是一件值得深思和考虑的事情。选择的创业目标只有符合国家的建设和社会的需要，才是有意义、有价值的目标，而这也正是大学生创业的根本目的。2. 要把握自身的特点。每个大学生都有不同的能力、不同的特长、不同的兴趣和不同的爱好。例如：有的人善于思考，逻辑思维能力较强；有的人心思缜密，善于筹划；有的人沟通能力很强，善于团队合作；有的人领导能力强，精于管理等等。因此，在创业教育中，学生必须要学会认识自己，了解自己，从而选择的创业目标也就适合自己。3. 创业内外部环境条件。创业成功与否虽然不是由内外部环境条件来决定的，但是创业的成本和成功却在很大程度上受其影响。因此，学生应该合理地分析他们所处的创业环境，谨慎地选择有利于创业的条件，从而选择合理的创业目标，而这些正是我们在创业教育中指导大学生学会的一项重要技能。

三、创业知识的学习

所谓的创业知识，含有两个方面，一是创业的基础知识，二是创业的专业知识。前者是指创业所需要的经济、政治、文化、法律、社交、管理等许多方面的知识。而后者是指一些专业性较强的、技能性的，并且是和创业目标紧密联系在一起的知识。对于创业主体来说，创业知识既是最基本的，也是非常重要的。创业主体的决心和信心，在很大程度上，受到创业知识积累多少的影响，而创业的成功率也深受其影响。创业知识和创业能力是相辅相成的，前者是后者的基础，没有了前者，创业活动就无法开展，激发创业活力也就无从谈起，因此，大学生创业教育的基本内容也就变为帮助他们掌握更多的创业知识和创业技能。

那么，创业的基础知识由何而来呢？最直接、最便捷的途径就是课堂教育和自学。许多学校创业教育的基本做法就是通过各总各样的手段，如开设创业课程，举办创业讲座等，来传授创业的基础知识。创业的专业技能知识呢？专业学习和专业培训是获得创业专业技能知识的主要途径。因此，引导大学生创业教育的重要手段和方法就是不断引导大学生对创业基础知识和专业技能知识的学习，培养他们的创业意识，提高他们的创业思想，训练他们的创业思维。

四、提升创业能力

创业者在创业这种复杂而又系统的社会性活动中，必然会面临许多困难和矛盾。要想创业成功，创业者就需要具备克服各种困难和解决各种矛盾的能力，因此，对他们来说，仅仅拥有创业的基础知识和专业技能知识是不够的，他们还需要具备创业的能力。创业能力包含很多内容，最基本、最重要的能力有创新创造能力、应用适应能力、抗挫抗压能力、团队合作能力和组织协调能力。

创新创造能力是指创业者具备敢于创新，善于创新，不断拓宽创新思路，建立新理论，发明创造新产品、新技术，创造新方法的能力。应用适应能力是指创业者能够做到理论联系实际，将书本知识与实践相结合，将所学知识应用到实际工作中；同时又有较强的动手能力，善于动手，乐于动手。创新创造能力与应用适应能力二者是相互作用的，后者是前者的基础，前者是后者的核心要素。

创业者在创业的过程中，必然会遇到很多的挫折和困难，这就要求他们必须具备抗挫抗压的能力，在挫折和困难面前百折不挠，屡败屡战，不会被眼前的挫折和压力所压倒，在失败中求生存，在逆境中求发展，只有这样，才能创业成功。团队合作能力和组织协调能力是创业者必须具备的能力。创业者要想创业成功，单枪匹马是不可能做到的，他们必须依靠团队的力量。同时在组织中也需要一定的协调和组织，只有这样，整个组织的运转才能有条不紊。也只有这样，创业者创业成功的几率才会大大增大。

第四节 新时期中国高校创新创业教育的新形式

国务院在 2015 年 5 月印发了《关于深化高等学校创新创业教育改革的实施意见》，这次的 "实施意见" 是国家站在深化高等学校创新创业教育改革、推动高校毕业生高质量就业创业、完善创新驱动发展战略、促进经济加快发展的立场上，提出了加快推进高等教育综合改革的基本思想、指导原则和总体目标。"实施意见" 提出了改革任务 9 项，具体举措 30 条。

这次 "实施意见" 的发布，标志着中国高校的创新创业教育进入了一个新阶段。在此阶段，高校创新创业教育已经由 "以创带就"，拓展为 "以大众创业、万众创新驱动经济社会发展"。[①] 将创新作为创业的基础，鼓励、支持创新者去创业，使创新创业成为推动经济社会发展的动力成为创新创业教育实质拓展的新内容。[②]

一、高校创新创业教育的主要争议

（一） 创业可不可教

自创业教育伊始，关于创业可不可教的争论就一直存在。创业不可教的主要观点是：创业者是天生的，创业能力取决于个体的智商、性格等天赋因素，后天教育对于培养创业特质和创业能力的作用十分有限。产生创业不可教观点的原因主要有两点：第一，创业能力不同于一般的专业技能，是一种综合个体知识、技能和性格等各方面条件的高级能力，培育的成本高、难度大；第二，关于创业的研究，尤其是创业教育的研究水平相对于其他学科较为落后，创业教育本身在理论研究和实践经验上都尚需进一步积累，由此创业教育的科学性和有效性被削弱。

对创业教育目标的理解过于狭隘产生了创业不可教的观点。如果认为衡量创业可不可教的标准就是能否批量地培养出成功的创业者，那创业很大程度上是不可教的。但如果将创业教育的目标拓展为提升受教育者自主就业，以及在各种条件下进行资源整合的能力，则创业在很大程度上是可教的。而且，随着脑科学、心理学和认知科学的进步，以及教育理论技术的发展，后天教育对先天不足的弥补，以及教

---

① 王占仁.中国创业教育的演进历程与发展趋势研究 [J].华东师范大学学报（教育科学版），2016，34 （2）：30—38.

② 李伟铭，黎春燕，杜晓华.我国高校创业教育十年：演进、问题与体系建设 [J].教育研究，2013 （6）：42—51.

育的科学性和有效性大大提升。但就创业对创业者本身能力和素质要求来看，当前创业教育的质量和效果还不能够满足需要。

（二）鼓励高校学生创业的正当性

根据针对海归创业、离职创业、科技人员创业和学生创业的调查数据显示，学生创业项目的整体水平最低，失败率最高。而另一方面，学生群体对创业失败的承受力又最差，一旦创业失败，基本生活都可能受到影响。加上学生正处于过学习积累知识、提升能力的关键时期，鼓励学生去创业，在一定程度上增加了他们荒废学业的风险。因此，是否应当鼓励高校学生去创业，一直是人们争议的焦点。

高校开展创新创业教育，并努力提升创新创业教育水平，与鼓励学生创业是两个分立的命题。但在具体实施上，许多高校把开展创新创业教育做成了鼓励学生创业。

（三）高校开展创新创业教育的合理性

一直以来，高等院校都被称为"象牙塔"，进行学术研究和教书育人是高校的本职工作。在教育方面，高等院校应当致力于知识传授和品格塑造。创新创业教育一定程度上冲淡了高校纯粹的教育观，争论的焦点是高校应当动用多少资源开展创新创业教育，即把创新创业教育放在什么位置上，以及其重要程度如何。

创新创业教育应当成为高等院校一个重要的教学板块。如何处理创新创业教育与其他专业教育的关系呢？最基本的是应当创造创新创业教育与其他专业教育相得益彰、共同提升的局面，防止创新创业教育的开展对其他专业教育的负面影响，更要避免"一切教育围绕创业"的极端做法。

二、我国高校创新创业教育发展的新形势与重大意义

新常态背景下，我国经济下行压力加大，通过创业解决就业、推动产业转型升级成为我国创新创业教育的特有诉求。伴随着不断深入的创新创业和不断完善的全民参与创新创业的氛围，我国高校对创新创业教育发展的需求也在不断加大。同时，互联网、大数据以及共享经济的发展，为创新创业教育更低成本、更大规模、更便捷高效地实施提供了可能。一系列文件，如《国务院办公厅关于深化高等学校创新创业教育改革的实施意见》等的出台，标志着创新创业教育已经上升为国家战略。截至2015年10月，深化创新创业教育改革的方案已在112所中央部委所属高校中制定，许多高等学校综合改革方案纳入了创新创业教育改革。在全国，已有137所高校、50家企事业单位和社会团体联合成立了"中国高校创新创业教育联

盟"。全国有 16 所大学科技园联合建立了"丝绸之路经济带众创空间",它们分布在新疆、甘肃、陕西、青海四省区。全国高校共设立的创新创业基金在 2015 年的前 10 个月就已经达到 10.2 亿元,12.8 亿元的校外资金被吸引入内,这些都为大学生的创新创业提供了强有力的资金支持。①

新时期的创新创业教育意义深远,它对于创新推动经济发展战略、支撑创新创业教育工作、全面深化高等学校教育改革和不断完善人才发展机制有着重要的意义。

第一,创新创业教育是全面深化高等学校教育改革、推进高校教育改革的破局点和检验标准

高校教育改革涉及诸多板块和内容,最为关键的是响应新时期技术、经济和社会条件的变化以及解决与实践脱节等固有问题。创新创业教育具有很强的实践属性,是能力教育和素质教育,客观上要求教学与实践需求的统一、知识与方法技能的统一,必然要求高校体制机制创新,创新倒逼改革;另一方面,将创新创业教育作为推进高校教育改革的破局点和检验标准,也是满足不断增加的人才发展需求,增强学生创新思想意识、提升学生创业技能的重要内容。

第二,创新创业教育丰富了教育的内涵,其目标已不仅限于就业,通过创新创业教育,人才发展机制得以完善,人才培养得以加速

相对于一般学科教育以"植入"专业教育为主的特性,创新创业教育是跨学科的通识教育,倡导拓宽学生知识宽度、实现学科融合的教育方式,更加符合以人为本、培养复合型创新创业人才队伍的要求。创新创业教育丰富了教育的内涵,延伸了人才培养的边界,拓展了就业的渠道,为"人尽其用"提供了更为丰富的可能。

第三,促进学生参与创新创业是高等学校创新创业教育的根本所在,也是国家创新驱动发展战略的重要支撑

国家之间的竞争是创新能力的竞争,但归根到底是创新人才的竞争。人才驱动是坚持创新驱动的实质,人才是发展的第一资源,抓人才就是抓发展,强人才就是强实力。据调研,我国高校在校学生和当年毕业学生的创业人数的比例呈现增长态势,2016 年在校学生创业比例达到 4.6%,应届毕业生创业比例达到 3.1%。按照 2015 年全国高校毕业生总数近 750 万人的规模来计算,高校学生已经成为推动"大众创业、万众创新"的重要力量,是国家创新驱动发展战略的重要支撑。

---

① 刘延东,深入推进创新创业教育改革培养大众创业万众创新生力军,《中国教育报》。

第五节　中国实施创新创业教育实践的社会意义

进入 21 世纪以来，高等教育的普及化是我国目前所面对的最大挑战。我国的产业结构及社会分工随着全球经济的高速发展也进一步上升到了一个高度，影响着群众的岗位设置和调整等更细微的变化，此时，在如今的趋势变化下，自主就业和固定的薪水的特点在创业教育的彰显下暴露出明显的局限性，相应院校的大学生长期生长在这种传统模式下，创新意识及能力显得如此地下。我国开始意识到问题的所在，决定走创新创业教育这条信息化全球化的路线。改革的最终结果就是将人才的组织能力与这个时代下行业的需求作匹配，他们之间是否相吻合。当前创业能力和竞争能力在创新创业教育过程中显得尤为重要，在这方面高等院校必须加快脚步，才可以跟得上信息、知识经济时代的巨大变化，从源头上贯彻创新与创造能力的理念重点培养院校学生，通过大力度开展创新创业教育革新，进可能的使人才的供给量与社会的的需求量相匹配。从长远来看，创新创业教育的开展对我国的经济、教育发展有着非凡的重要意义。

一、创新创业教育是高等教育改革顺应市场经济的需求

21 世纪高等教育面临巨大的挑战就是实现大众化，同样也是国家重要之举。我国的产业结构和社会分工在知识经济和全球化的推进下，将会进行不断地调整、分化与之相吻合的职业，高等教育改革的发展方向是创新创业教育。为此，我国顺应国际化趋势，提出了创新创业教育。高校教育教学改革成果最好的检验方法就是把培养的人才投入到社会和行业中去发展，最终的成果一试便知。如今的社会是一个较为复杂的，正是考验学生是否具有多元化能力、良好的心态及正确的价值观来应付当下的社会环境。不同以往的旧社会，在信息时代和知识经济时代社会，如今的中国已经有了突飞猛进的变化。所以，我国必须要求各个院校来实施创新创业教育，以创业教育为基准全身心塑造具有创造能力的大学生，将高等教育改革深化到另一个高度，从而将大批人才投放到相匹配的行业需求中，来实现供给与需求的平衡状态。

创业经济这个新型的革命已经悄然来袭，我国经济市场对创业的需求越来越期待甚至已经成为我国经济的重要推动力，目前我国已经出现大批的中小知识型企业，他们通过创业的组织形式和运行方式带来巨大的产业变化。岗位实际上是根据经济的变化而随之灵活变动的，具有不稳定性，历来我国的行业或者岗位都是随着

落后的生产方式和产业的淘汰而抹面；其实这就意味着一个新的行业产业诞生，随之新岗位油然而生不断地出现。高校作为媒介，对于国家来说是我国开展创新体系的无可厚非的精神支柱，它担任着国家栋梁的塑造及未来之星的使命。创业教育的诞生并不是凭空构想它是建立在我国原有的教育基础上，反映了社会发展对未来人才素质构成又提出了新的要求。创业素质并非独立存在的，素质教育中的科学素质、人文素质及创新素质与它存在着密切的关系，实际上完全可以作为高校素质教育理念其中的一部分。创业教育对于大学生来说，是难能可贵的机会，既可以挖掘出他们内在的潜力、意志，还可以锻炼他们的观察能力、和思考能力、以及丰富的想象力，在此基础上还可以加深他们对专业知识的积累和智力方面的提升，让他们对就业有个基本的认识，不是狭窄地只是解决当下的择业问题，是用长远眼光去创造出更多的就业岗位为社会做出一定的贡献，只有这样，大学生具备了生存能力方可实现自身正真的价值，让自己变强转变为独立的个体，最终实现自身价值。

高等教育的改革是必然趋势，这是一场彻底的教育革新，在现有的教育课程上做出一定的改变，包括学科、课程体系和人才培养方案等的改革。创新创业教育的课程和内容在教学方案中是必须涉及到的。大学生创新创业教育就应该抛开陈旧的思想教育观念，通过开展具有创新性的教学、方法与评价方式等内容，进而将教育方法的启发性和参与性发挥到极致，活跃课堂的体验性和开放性，历练出具有开拓精神且具备跨越式发展的能力，争取成为具有国际竞争力的创新创业型人才。

二、创新创业教育是推动创新型国家建设的动力

党的十七大报告提出要"提高自主创新能力，建设创新型国家"，目前，国家之间的也上升到了知识、信息和人才的培养上，因此我国的知识经济主要动力必须来源于创新能。高校是我国创新人才储备的地方，国家的经济快速发展还需要通过科学技术、知识水平以及创新素质的变通，这已然成为了国家创新体系的不可分割的一部分。

创新创业教育可以有效地推动个体、团队和组织的创业，改善产学组织效率。从全社会的角度来看，创新创业通过新发明、全新服务的这种方式，能够为社会的需求所服务并且激发了国家的新活力。20 世纪 80 年代和 90 年代，据美国国家科学基金会和美国商业部等机构研究结论表明，1950 年以后，创业型企业的创新将占据美国绝大部分市场约 95% 的比例。这一信息足以证明，拉动新型国家建设的有力武器便是一个国家的创新创业教育。

进入 21 世纪以来，我国的重心转变为知识经济。智力资本已成为衡量一个企业的标准，也就是说知识大权在哪里，哪里就是最有价值的资本。可以准确的说大

学毕业生是最有价值的资源，因为他们在高校的培养下，专业知识基本已经掌握并且具备一定的技能，在所有群体中可以称得上是素质最高的人群。显然，要想毕业生在社会上能够更精准地找到适合自身的项目，高校必须加强对大学生的创新意识和创新能力。毕业生还以通过创办自己的企业或者工作室来实现其个人价值和社会价值。所以，对各个高校大学生开展创新创业教育是顺应知识经济时代发展的必然之路。

三、创新创业教育是引导大学生就业的新途径

当前，就我国目前的形势来看，由于高等教育的大众化，如今出现大批量具有相似能力和相似地知识结构的高校毕业生走向社会，如此看来，待业者逐年增加给社会造成严重的负担，甚至高学历的"海归"也逐渐加入了待业队伍。我国的科技已经有了飞跃的成长，逐步实现机械自动化，从而造成大量从业人员面临待业状况，虽然我国知识经济、产业结构以及资本有机构成有着不断提高，但同时给高校毕业生带来前所未有的就业艰难局面以及造成激烈的竞争模式。如何造成如今的画面，从本质来看是人才培养模式的不当造就的，鉴于此，我国的高校创新创业教育是一条正确的道路。在这条道路上，大学生的创业意识和创业精神得以培养；在这条道路上，创业带动了就业；在这条道路上，我们的社会向着更好的方向前进。

毕业生的就业压力随着高校连续扩招而不断加大，一所高校的生存能力在于名声，具体来说，刚踏出校门的毕业生就业的好坏和创业的成功与否，都是影响高校名声的致命点。面对如此激烈的挑战，高校必须从根本上做出改变，即教育思想，人才的培养，树立以人为本和全面发展的理念，包括在教学方法和课程上涉及探索、创新的理念，为学生提供更好的创业服务，教学生拥有积极地就业观，具备艰苦地奋斗精神，培养有胆有识并且有非常强的组织能力，最终要的是必须有社会责任感。创业教育的开展既可以提高学生的基本修养和生存能力，同时还可以锻炼学生的竞争能力和创业能力，很大程度上增强学生的创业意识。创新创业教育开展以来，塑造了诸多具有创新意识的学生，当它们临近在毕业时或者校期间都可以无所畏惧积极乐观的寻找适合自己的创业项目，大大地提高了创业成功率。

四、创业教育是培养大学生全面发展的重要途径

所谓的大学，并不是单一的学习基本的专业知识，更重要的是提升学生的综合素质能力，帮助他们学会独立思考，学会交际，以更好的适应高速发展的社会。同样，创新创业教育也不仅是学习创业基础知识和专业技能，更重要的是对学生创业

能力、创业意识、创业理念、创业精神等的培养。对这些所有的能力的培养就是为了毕业生在今后的道路中能够随机应变适应社会，更快地适应工作岗位。因此，无论学生准备创业还是继续走工资式的岗位，创业教育都将会在他们今后择业的过程中起着重大意义。大学生在校通过高等教育的洗礼，在步入社会后使他们对今后的道路更为明晰，物质财富并不是他们所追求的，他们看中的是自我价值的实现，如何在社会中充当更重要的角色。根据马斯洛的需求层次理论，人的需要包含七个层次，其中自我价值的实现是最高层次的需要。对于大学生而言，实现自我价值的最好方式就是自主创业。通过创新创业教育，学生的创业意识和创业观念得以强化，创业和创新精神得以增强，抗挫抗压的能力得到提高；通过创新创业教育，学生更加了解和认识自己，自我认知得到提升，自我调节、调控能力得到增强；通过创新创业教育，学生们认识到，创业不仅能满足最基本的生存，而且也是实现自己的远大理想、目标、抱负，走向成功的一种途径；通过创新创业教育，学生的综合素质不断提高，学生的潜质和创新能力得到挖掘，向着全面型人才迈进。①

创新创业教育不仅注重大学生基础和专业知识的学习，更应注重培育他们的内在品质——思维能力、责任意识、创新精神、独立判断能力、审美意识、敏锐的视角、独特的分析能力等。知识的学习和内在品质的提升，使得学生无论何时都能够做出正确的判断和选择，无论何时都能激发内心的动力。同时，这些知识和技能也有利于大学生树立正确的世界观、人生观、价值观，在实现自我价值的同时也实现社会价值，用自己的努力来回报社会。与此同时，通过创新创业教育，学生们的综合能力及社会关系得到提升还可以展现自身的独有的魅力，争取好的业绩为社会为国家做出非凡的贡献。很大程度上把学生的主动性、积极性挖掘出来，同时让学生懂得质疑态度和批判精神也是必不可少的一种理念，在创业实践中，学生们根据自身所具备的兴趣和优势等多方面能力去考虑创业的目标和理想。

我国开展创业教育最终目的是促使学生成为全能型人才。创新创业教育是全面挖掘并且开发人的潜力，它犹如人生的方向盘，指导者人的思维方式，进而培养出具有技术社交及管理技能的学生，经过创业教育的洗礼学生能在今后的道路中树立正确的人生观、世界观、价值观，最终到达成功的彼岸。创新创业教育始终坚持以人为本，弘扬人的主体性和自由个性，通过完善自身的技能，提高自己的创造力，使学生为未来的职业打下坚实的基础。创业教育注重培养学生们积极乐观的良好心态，当下是个活跃的社会，杜绝传统教育下的压抑环境，我们将一贯的被动心理通通转化为主动积极的心态，让学生们在最短的时间能够快速地适应当下，当困难来

---

① 陈迎炜．中国社会创业案例集［M］．北京：北京大学出版社，2013.

临时，从不感到恐惧而是主动迎面而上承担应有的责任，争取使学生成长为对社会对国家有用的人才。

创新创业教育既可以培养大学生的事业心也可以拓展他们行为能力，其目的在于培养他们的创业理念、创业意识和创业精神，将学习理念终身渗透在潜意识里，最终的目的就是让学生具备开创性的创新创业人的力量。因此，大学生创业教育这一块是国家重点关注对象它可以促进经济发展同时对人类进步有着积极重要的意义。

第二章　发达国家的创业教育分析

第一节　美国创业教育分析

美国不但是世界上最早进行创新创业教育课程的国家，而且也是创新创业成果最为突出的国家。美国政府非常重视创新，将创新提到国家战略的高度，也在政府政策方面给予很多支持。美国的高校在创新创业教育的课程体系、师资建设、成果转化机制方面已经非常完善，诞生了诸如惠普、思科等一系列全球顶尖的科技公司。美国的创新创业做法为其他国家提供了可供借鉴的经验。

一、创新创业教育发展历史

在创新创业教育理论的探究和运用方面，美国已历时大约 70 多个年头，走在了多国前沿，可以说是创新创业教育创始国。1947 年，美国哈佛商学院的 Mvles Mace 教授率即创立了这一标志性课程："新创企业管理"。该课程深得创业者、学子们的青睐。美国有今日如此高的评价，源于其高校自 20 世纪八十年代起就为创业教育课程体系的建立而坚持不懈的努力着。例如：1968 年由美国百森商学院率在本科教育中另辟蹊径设立有关创业目标及倾向的课程。再如，南加州大学于 1971 年开始颁发创业学硕士学位证书。令人欣慰的是 2200 多门有关创业的课程截止 2005 年被美国 1600 多所学府院校所设立，同时创业教育方面的学术刊物也由之前的单一化种类扩充到 40 多种，创业教育研发中心更是增填到 100 多所。

除了高校创新创业教育课程体系的发展与建立，美国创新创业的机制建设也逐步完善，如"大量的孵化器和科技园、风险投资机构、创新创业培训中心、创业者校友联合会等外部联系网络等"，这些机制为大学创新成果转化为商业产品铺就了一条更加便捷的道路，使美国的大学成为不少全球顶尖科技公司的诞生地。

美国创新创业教育能够在半个多世纪以来逐渐兴起并取得重大效果，有一定的背景因素。一是"二战"结束后政府需要解决大量的退伍军人的就业问题。二是美国经济自 20 世纪 70 年代以来开始稳步放慢发展的步伐，相对而言，大型企业需要的劳动力就会相应减少，而针对中小企业却是提供了发展的肥沃土壤。1979 年麻省理工学院的大卫·伯戍（David Birch）在其论文《工作创造过程》（*The Job Creation Process*）中表明大型企业已经不是经济支柱和新就业机会提供者。他的结论是："从 1969 年到 1976 年，大量的新成长的中小企业创造了美国经济中 81.5% 的新就业机会。1980 年以后，美国超过 95% 的财富都是由大变革中的创业一代创造的，其中最著名的代表人物是'微软公司的比尔·盖茨'。"①

二、创新创业教育理念与目标

是为了解决"二战"后退伍军人的就业问题。经过近 70 年的探索与发展，创新创业教育的理念和目标经历了从功利性走向非功利性的转变。20 世纪 60—70 年代，美国创新创业教育着眼于"企业家速成"，即帮助学生在校期间就能创办公司，成为像比尔·盖茨一样的创业企业家，具有很强的功利性。进入 20 世纪 80 年代，随着西方世界经济增辐的放缓，客观上需要更多高质量的人才，美国高校的创新创业教育从功利性逐步走向非功利性。百森商学院的杰出教师杰弗里·蒂蒙斯认为创新创业教育既不是以解决生存问题为目的，也不是一种企业家速成教育，而是应该为未来的几代人设定"创业遗传代码"，顺应创业革命的大潮流，缔造创业的一代。他的观点一定程度上代表了美国高校的创新创业教育理念与目标。

三、创新创业教育的实践模式

美国创新创业教育积累了丰富的实践经验，其中课程体系建设日趋完善，覆盖面广，同时在师资队伍的选拔、培训、考核、管理等方面形成了具有开创性的做法。

（一）系统化的创新创业教育课程

自成体系的美国高校创新创业教育，拥有系统化的创新创业教育课程。在美国高校，课程目标之间的差异决定了课程的类型。这些课程类型包括：激勉学生创业意识的课程、传授学生创业基础理论的课程以及实战演练创业的精选课程等。当然了，考虑到授课标的之间的差异，美国高校加强了课程的灵活性，有三种层次的授课标供学生自由选择：本科生、研究生和博士。根据数据显示，美国在院校中已经通过选修、必修方式将创业这门学科作为辅修、专修或学系形式创立。在大学本科

---

① 向东春，肖云龙.美国百森创业教育的特点与启示［J］.现代大学教育，2003（2）.

中开设创业课程的有 37%，在研究生教育中开设创业课程的有 23.7%，既在本科开设创业课程又在研究生教育中开设创业课程的有 38.7%，而且还不止一门。课程一般分为理论和实践两部分。理论部分主要以掌握基础知识为主，了解创业、知晓如何创业以及创业的目的。实践部分即为运用理论阶段，将所掌握的理论知识与实践相结合并加以处理，最终以计划书、参与比赛等形式呈现出来。美国高校创业教育最终要达到的目的是"活在创业精神"中，即凭借对不同类型课程的全方位设定和布局，实现课程的指向性和时效性，为学生营造一个全面、良好的创业教育环境。

（二）注重创新创业教育师资队伍建设

美国高校创新创业教师资质队伍组建注重理论与实践相结合，要求教师既有一定的创业理论知识，也要有一定的创业经验。既通过创立创业学相关的课程和引进创业相关的博士项目潜心培育拥有专业知识储备的专职教师后备队伍。再者侧重于吸纳资深教师、民企领导者在担任教学兼职和研究时所积累的丰富创业实践经验。美国众多高校采取政策督促和赞助活动等方式加强创业课程教师专业知识和实践能力的掌握以及与企业界之间紧密联系。

斯坦福大学在这方面做的相当不错。借助得天独厚的地理位置优势，邀请到具有高水平实战经验、参与众多创业挑战同时还是最出色的企业经营者莅临学校进行短期授课、参与有关创业的研究和讨论，以期推动创业教育项目迈上更高阶层。

美国将培训教师视为创业教育的核心环节。例如，美国的考夫曼基金会每年都会与高校协作推出培养创造性和创新性新时代创业老师的"创业教育者终身学习计划"；百森商学院每年也会举办建构国际性的创业教育教师及培训框架等等的普瑞斯—百森伙伴项目；同是众多高校还设立鼓励机制，激发教师们主动积极参与创业模拟操作及进行创业。通过这一整套创业教育教师资格培训项目确实为储备了大批量高水准、先进化的创业学教师。

美国将创新创业教育引入教师聘用与晋升、人职培训、奖励制度、教师管理等各个方面。部分高校也开始转变教师聘用和晋升方面的素质要求，不再一味的看重教师的学术爱好和能力，更加注重的是教师是否能将所研究知识与商业范畴、所从事的行业联系起来，形成创业创新学科一体化。例如，弗吉尼亚大学医学院于 2010 年即开了一个好头，即将创新创业活动作为教师晋升和荣获终身教职标准的一个基本标准，并且申请晋升或参与终身教职的参选人需要提供相关证明材料。比如，是否申请过发明专利或者申请后的版权证明材料、技术许可证等类似相关的创新技术转化的活动。

在刚入职的教师，学校回味他们安排特定的专业培训，具体针对入职指导、职业规划导向、创业模型发展、商业计划和市场预测等。以期她们在未来的创业、职业道路上一帆风顺。比如，创办一些鼓励师生进行创新、创业、转化科研成果的课程。亲历创业和创新发展的每个过程，从思维发散到最终知识的转化确认，再到与市场调研研究建立紧密联系战略。美国匹兹堡大学的技术管理办公室和教务长办公室即创建了这样的一整套课程。

此外，为了更好的开发教师的创新思维，高校已经开始对教师的时间设置为弹性制。像弗吉尼亚大学、匹兹堡大学、南加州大学这样的顶尖研究型大学来讲，他们的教师更是有足够长的学术假，去促进他们与企业的协作共享，实现创新创业，这一行为非但不会成为他们晋升和获得职称的阻碍，反而会为他们提供各种资源以供他们参考和学习，更好的研究出成型和具有商业潜力的技术。

四、斯坦福大学的创业教育

斯坦福大学是美国较早开始创业教育的高校，20世纪50年代初斯坦福科技园正式成立，推动了大学高水平科研活动和校企科研合作的发展，也成为硅谷发展的基础，因此斯坦福大学也被誉为"硅谷的摇篮"。据1996年斯坦福大学商学院的统计，斯坦福大学创业企业的收入约占硅谷总收入的60%，高达1000亿美元。硅谷地区良好的创业环境和文化氛围为斯坦福大学创业教育的发展提供了得天独厚的优势。1967年斯坦福商学院为MBA学生开设第一门创业课程，1996年成立了创业教育研究中心。到20世纪90年代中后期，整个商学院的创业教育课程体系趋于成熟，工学院、医学院、地球与科学学院、教育学院、法学院、文理学院等其他院系也相继开设面向非商学院学生的创业课程。作为著名的理工科大学，斯坦福大学依靠学校一直秉承的创新精神和毗邻硅谷的优越条件，发展出了独特的创业教育特色，即重视应用导向和产学研结合。

斯坦福大学开设创业教育课程的目的在开设层次和对象上呈现出多样性。从课程开设层次看，针对本科生的创业课程主要介绍创业实务，激发学生的创业意识和热情，针对研究生的创业课程主要培养成功创建和管理创业企业所需能力和技巧。从课程对象看，针对商学院学生开设的创业课程主要培养学生成为受过良好训练的创业思想家，针对非商学院学生开设的创业课程主要为满足学生的创业兴趣，激发创业意识和热情。

斯坦福大学的创业课程结构主要分为商学院的创业课程和非商学院的创业课程两部分以及丰富多样的第二课堂创业实践活动。商学院的创业课程由创业教育研究中心负责，斯坦福创业教育研究中心主要承担创业和风险投资领域的案例开发、科研、课程开发和学生项目。

　　创业教育研究中心开设 20 多门选修课程，课程覆盖面广泛。这些课程不仅仅面对商学院学生，所有学生都可以结合自己的具体条件与学习兴趣自由选修创业课程，不受主修科系的限制。

　　除了商学院的创业课程，面对非商学院学生，斯坦福大学开设了夏季创业研究项目、与本专业相关的创业教育两类课程。斯坦福夏季创业研究项目负责非商学院的研究生创业教育，研究所由不同领域的专业教授组成。通过开设一系列课程教会学生今后创建一个成功的企业及经营企业所需的创业知识；通过实习、参观和访问为学生提供独特的学习实践机会，体验世界著名的硅谷创新文化。斯坦福大学在其他院系以选修课的形式开设了将创业教育理念与学科知识相结合的创业课程。各个院系合作程度越来越高，商学院还和工程学院联合授课，让学生更多地了解技术发展，使创业教育能更好地融入专业学习中，促进产学研的结合和高校科研成果的转化。如"生物创新"课程组织商学院与其他院系学生联合组成创业团队，医学院学生提出改进医疗设备的创意，由工学院学生设计图纸，商学院学生进行推广和融资。这些联合授课课程将多学科知识相互整合，将创业教育理念在学科间融合和渗透，体现了斯坦福大学注重应用导向和产学研结合的创业教育特色，为学生及教师搭建了充足的研究、实践平台，促进了高校科技创新成果向现实生产力的转化。第二课堂中，除传统的创业计划大赛，斯坦福大学每年组织的创业活动周、系列讲座以及活跃的创业协会和创业俱乐部也成为创业教育的重要组成部分。每年，不同的创业教育机构和学生组织都要举办很多不同类型的参观、考察、实习、竞赛、互动交流等活动。这种课内与课外，教学与实践相结合的创业教育激发了学生的创新精神，强化了实践能力，起到了很好的效果。

　　斯坦福大学毗邻著名的硅谷，落户硅谷的一流技术公司和新建企业为斯坦福大学的学生提供了独一无二的创新研究与实践资源，这也为创业教育课程的实施创造了极好的环境。

　　在课程实施方法上，案例法是斯坦福大学常用的教学方法。商学院充分利用与硅谷联系密切的优势，建立了创业教育教学案例数据库，搜集了涵盖创业风险投资、高科技经济、机会评估、创业融资等领域的经典案例。在为非商学院的学生进行创业教育时也采用了案例教学的方式，教师呈现一个案例，让同学进行小组讨论，总结经验，分析其成功和失败之处，并提出自己的解决办法。同时，在教学过程中还采用了模拟实践、团队项目、角色扮演等形式，注重学生的体验式学习。如"创业管理""高科技企业的战略管理"等课程全部采用案例教学，且通常案例的主角会亲自出席并参与课堂讨论。企业家不仅常作为案例主角参与创业教育课堂教学，担任客座讲师也是斯坦福大学比较普遍的现象，这在很大程度上得益于其得天独厚的优势。斯坦福大学邀请企业家参与创业教育，并采取渐进性方式，一门课程由主讲教授和企业家客座讲师共同承担，帮助企业家尽快适应课堂的要求。项目教学法也常应用于斯坦福大学的创业教育课程中，如"社会创新与企业家精神""工程与科技工业的创业"课程专门组织学生组成有不同学科和技术背景的团队，并聘请有丰富创业经验的企业家或高管担任指导，定期与学生会面，提供建议和指导。

此外，教学过程中还采用了亲身模拟实践、系列讲座、角色扮演等形式，如"创业土木与环境工程"课程模拟建筑公司制定企业战略和业务计划，"亚洲高科技产业创业"课程邀请来自工业界、政府和学术界的杰出的演讲者介绍在亚洲的创业模式与挑战等，这些课程注重学生的体验式学习，在教学中要求学生积极参与，学生开阔了眼界，丰富了创业知识，增强了实践能力，充分调动了学习积极性。

斯坦福大学的创业教育不仅有完善的课程体系和多样化的课外实践活动，而且还有强大的创业经验丰富的师资队伍。斯坦福大学重视教师与学生的比率，为保证创业教育有效开展而严格限制录取率，保障教学质量。学校重视吸收社会上有创业成功经验的企业家从事兼职教学和研究工作。这些外部师资为创业教育带来了鲜活的思维和贴近实际的教学内容，并大大增强了学校与企业界的联系，有利于促进产学研的发展。学校还非常重视对教师进行专门化培训，提高教师的专业理论知识和教学技能，鼓励教师进行科研活动。

在斯坦福大学创业教育过程中，非常重视评价体系，除接受学校统一标准的课程评价，在商学院内部还借鉴了企业管理中的质量保证的思想对创业教育课程进行追踪评价和质量审查，评价还延伸到了课程结束后，对毕业生的创业情况进行了跟踪调查，并根据调查结果及时调整课程计划。斯坦福大学积极接受外部组织的评价。美国有着浓厚的创业文化，全社会对于高校的创业教育十分关注和重视，为保证创业教育的质量，除高校内部的评价体系，还建立了一套外部评价体系，其评价主体由社会媒体、教育专家、毕业生、学生家长等组成，从课程设置、实施效果、学术影响、社会影响、毕业生新创企业情况、实践平台等各方面对高校的创业教育进行公正合理的评价，保障了创业教育质量的评估和审查。

第二节　英国创业教育分析

英国高校一直以来秉承着务实求真的想法，无论做出任何决定，都是根据原有的基础上出发而决断，如创业实践，它们通过高校的教学、科研下的数据以及各类社会资源重新归纳起来，所有的准备就是为扶持毕业生的创业实践教育。接下来具体介绍一下创业实践教育主要包含的几大内容。

一、突出创新思维的多样化课程

在英国，开设的创业课程种类非常之多，高校之间使用的教学课程明显存在着较大的差异。可以大致将其分为四类课程：创业、创新、创新管理、技术转移管理。在英国，最受欢迎的两大创业课程是创业与创新。他们高度重视创业教育，有些高等学校针对一些特殊专业的需求特别设置了与之相匹配的课程，这些课程包括像社会创业课程、女性创业课程和少数民族创业课程一类的课程。前者主要是针对社会营利组织和非营利组织的创新性关键问题，后两者则是针对弱势群体而开设的。针对社会创业企业家精神，剑桥大学开设了三门课程——"有事业心女性实施行动""社会企业财务技术实践""你的自愿/社区组织也是企业"，还开设了两年制讲授式专业课程——"社会企业与社区发展"。[①]

英国将创业课程从内容上划分为两大类：即理论导向型课程与实践导向型课。前者重在向学生讲授理论，后者通过将传统理论和新理论的讲授以及与固定教材的对比，引导学生将理论与实践结合起来，这在很大程度上锻炼了学生的动手实践能力。实践导向型课程和创业活动最为贴切，它是以众多数据结论、学者演讲、及小组项目等多种教学方式展现的，可以让学生在校内就汲取"近似创业的经验"。

二、强调考核综合能力与团队协作能力

英国大学创业课程的考核强调考核学生的综合素质能力和团队协作能力，其考核的内容非常细致。对于理论导向型课程，一般有三种考核形式：1. 小组项目。2. 个人课程论文。3. 小组项目和个人课程论文的融合。对于学生在这种模式下进行考验，既是强调了课程知识面的重要性，又深入地涉及到基础性的内容，例如战

---

① 牛长松．英国高校创业教育研究［M］．上海：学林出版社，2009．

略管理、财务管理、市场营销等管理类科的知识，通过这种方式，既培养了学生的综合素质能力，又能帮助学生将所学理论与实际结合起来，历练出最终的全能型人才。而且在考核期间，小组一起学习相互交流的方式大大地增进了学生之间的默契，增强同学之间的团结意识及互助能力，甚至会产生更多精彩的主意及想法，帮助学生提高他们的团队协作能力和人际沟通能力，以便于在日后与他人合作能够更好地融入角色。

三、突出具有创业经验的师资队伍建设

理论导向课程的教师一直以来都是通过传统的方式给学生教学，而面对今天的实践课程显得力不从心。如何把实践导向课程运用的更好，对教师自身水平的要求是非常严格的，必须具有实际管理经验又或者有过创立企业的实战经验，所以为了更好的弥补这一缺口英国采取了校外招师的这种方式，很多学校邀请校外的客座教师与校内教师相互配合地进行教学。这些校外的客座教师大多是校友或区域内的企业家，他们一般都教过课程，有授课经验。比如，在牛津大学开设的"创业与商业技能课程"，企业管理人员和技术转移处主管几乎讲授了近一半的这种类型的课程。在讲授过程中，他们既分工明确，又相互合作，分别讲授着属于自己专业和工作范围内的课程，只有这样，学生才能将理论与实践真正地结合起来。

四、突出全球化视野的联合培养途径

英国大学的创业教育最接近于国际化，各方面都体现出国际化的前沿，因此，学生将会有更好的环境接受国际创业的教学课程。据调查，很多商学院都开设了诸如"国际管理""国际企业管理""全球商务环境"一类的国际化课程，甚至有些大学为了培养具有跨国性思维和经营能力的人专门开了设"国际管理""国际企业管理"等专业。此外，先进的英国还把大学里专门针对某国研究的课程和管理类课程结合起来，二者共同组成学位课程，让学生在校内即可学习到来自它国的相关知识，例如华威大学开设的专业课程即"德国与商务研究"，阿伯丁大学开设的"欧洲管理研究"专业，学生可以在这些专业和专业课程种专门地学习有关管理的知识。从而将所学到的专业知识灵活运用到实践活动中，促使学生的经营管理能力迅速成长，还可以让学生探究各国的文化精髓，进而历练出全能型人才的大学生，提高了在国际上的创业机会的能力。

五、建立科技园和创业中心支持大学生创业

在政府的倡导下，现如今诸多大学已经创建了科技园区，搭建了实践平台，

为创业大学生提供场地和咨询服务，当然比校外的价格低了许多，正所谓孵化器功能的完全展现，在更多经验人士的指导下，发挥潜在力量全身心投入到创业中。鉴于新企业在社会中的立足之地，严格的企业准入政策成为其大学企业孵化器必须遵循的守则。这些大学企业孵化器大多选择一些知识密集型的或者是和科研紧密联系在一起的高科技企业。例如：拉夫堡大学的创新中心，向在其内孵化的各类高科技、高创新型企业提供各种各样的服务，包括：提供办公场所和实验室等设施服务，开放学校图书馆等的资源服务，提供有关专业知识等的各类咨询服务等。

英国大学时刻担负着学生的实践能力的学习，其中涉及到创业中心、企业中心或者创新中心等机构各自都与大学生创业相衔接。它们以专业化的培训面向学生，通过专业化的师资力量和各种形式的问答服务来锻炼创业者。比如，牛津大学赛德商学院的科技企业中心为了培训初步进入的企业，他们通常会安排富有经验的成功创业者来为这些企业培训。培训中，这些创业者除了讲授创业的经验和成功案例外，还会传授科技工作者所需的职业生涯等技能。这个科技企业中心为使校内外的学员深入学习商业活动，不惜花费大量资源，推出了专业化的关于科技创业的"创业与商业技能"并且其课程是免费授予学员的。英国大学利用一切可以利用的方法通过网络将所有相关的资源全部归纳起来提供给创业实践的学生，提倡资源共享，促进创业群体、学校等多方的资源相互交流共同进步。

第三节 德国创业教育分析

德国能取得令人瞩目的创新创业成效，关键在于德国高校把创新创业实践、研究与教学有机地融合成一个整体进行推进和实施。德国政府认为创新创业与教育是国民经济水平提高和企业快速发展过程中密不可分的两部分。作为一个原材料缺乏的国家，德国的经济能持续保持欧洲第一和世界第四的位置，很大程度上是得益于完备的创新创业教育生态制度方面别具一格的亮点。

一、创新创业教育发展历史

德国高等教育是典型的西欧发达国家的传统教育模式，具有明显的社会化和市场化特点。德国政府、学校和社会将大学生创新创业教育工作放在重要位置上，在毕业生的创新创业教育指导上主动参与，为大学生创新创业提供资金、政策等方面的保障，还营造良好的创新创业环境，把创新创业教育视为就业工作的"前驱动"。

（一）构建研究和教育基础框架为营造良好的创新创业环境打下坚实基础

德国于 1978 年成立创新创业文献数据库（ELIDA），其资料超过 22000 种，并出版以创新创业专题为主的系列刊物；从 20 世纪 70 年代开始，在大学建立创新创业教育的教授席位制度，形成了以社会科学、自然科学和人文科学为基础并具有各高校特色的创新创业研究和教育体系。

（二）链接高校与社会创新力量为创新创业实践的实现提供强有力的支持

首先，政府和社会各界所提供的创新实践平台为高校创新创业教育的实现提供了不可或缺的基础，如西门子、大众等公司开展的创意大赛，从公司研究课题到社会公益创新创业等方面激发高校大学生的创新创业热情，并为学生提供教学与实践相结合的平台，有利于学生更好地了解和关注社会形势及技术创新前沿动态。其次，政府和社会各界在资金政策上给予了高校创新创业资金的保障，如政府在1999—2001 年间投入 4200 万马克支持高校创新创业教育并支持各大高校成立创新创业基金，创办创新公司；2000 年后，较多大学在地区相关创新技术公司、银行以及政府部门的共同合作下创立公司的模式促进了高校创新创业教育的发展，形成"产—学—研"的良性生态圈。

（三）政府、高校和企业共同营造良好的创新创业教育文化氛围

在政府、高校和企业的相互作用下，在德国的创新创业活动中，创新创业者受到了共同价值观的相互影响，更多的人勇于参加创新创业实践，促进了创新创业和经济的发展。同时，由此形成的社会赞许性，对那些具备创新创业理念和价值观的创新创业者的成功具有很大的推动作用。在创新创业教育中，政府扮演政策支持、资金保障、资源共享的后勤工作者角色。而高校则是在整个过程中担任着人才培育和项目孵化的关键角色，承载着政府期望和肩负着企业新鲜血液输送的纽带作用，切实培养学生的实践活动能力，营造了创新创业教育的浓厚氛围。

（四）结合教育与创新发展主体，培育可持续发展的生态体系

德国政府强调将关联性创新主体如高校、研究所、初创企业、大企业和孵化器等集聚起来，依靠创新能力指标进行评估，开展多样化的技术教育以及建立具有广泛渗透性的教育系统，培育有竞争力的行业上下游链条和可持续的生态体系。

二、创新创业教育理念与目标

德国创新创业教育率先提议的中枢范畴是创新创业精神。德国高校在学校战略人才培养规划中渗入创新创业教育，注重学子们的整体素养培育，为提高学子们的创新创业意识、精神和能力而做着不懈努力，也为德国经济的长久进步提供人才智力支撑。从整体而言，德国的创新创业教育重在培养学生的独立性文化；培养学生的商业头脑和创新创业者品质；从科学研究成果到经济价值的持续转化，促进高科技创新发展，提升经济竞争力；创新性创业数量明显增长，创造新的就业岗位，解决生存问题；优化创新创业环境，提升经济活力。

三、创新创业教育实践模式

德国通过多元的创新创业课程体系、多方联动寻求校企合作、建立扶持实践平台、持续改革创新创业教育培养体系等实践模式，使得创新创业教育系统的时效性得到了很大的提升。

（一）多元化的创新创业教育课程体系

创新创业教育重在实践能力和思维创新能力的培养与挖掘，因此，形成多元化的课程体系是德国创新创业教育中的一大亮点。

（1）高校"课程—中心—竞赛"全程辅导模式。在德国高校的研究实验室中常常蕴藏着一些创新想法，然而，科学家通常很难完全评估这些创新想法蕴藏的商业潜力。针对这一问题，德国创新创业教育课程会针对评估项目的商业潜力及创意程度进行研讨。例如，慕尼黑大学从企业管理学专业中挑选学生与创新创业者进行密切合作，仔细查验其经营理念是否具有商业潜力，并以项目建议书的形式具体地拟出实施建议。

1. 在这一过程中教师则需要给创新创业学生上必要的课程，并予以尽心的指导。如果能证明这个创新创业想法是可行的，该高校的创新创业中心将进一步完善他们的商业计划书，一方面，在创新创业课程上提出商业规划的基本内容，另一方面，学生团队需要制定具体的基础计划，并撰写一份可行可盈利的商业计划书，参加德国商业规划竞赛。

通过创新创业教育课程、创新创业中心、德国商业规划竞赛等系列创新创业支持服务，创新创业者在公司发展的早期阶段会获得很明显的优势。这不仅对创新创业者是一种鼓励，而且学生还可以把学校传授的内容直接应用到实际的案例中，受益无穷。

2. "专业 + 创新创业"培养模式，实现创新创业教育革新。德国创新创业教育的特点之一是其内在的跨学科性。创新创业需要一种整体的教育，既能跨学科，又能把不同学科整合起来。创新创业教育的首要目标不仅仅是让学生找到解决单一问题的最佳方案，而更多的是使学生全面地了解这种复杂的构成体——公司。站在创新创业者的实际立场考虑，单学科的知识和技能（如仅仅掌握人事管理或会计）是远远不够的。因此，创新创业教育的首要目标是脱离专一化并转向整体化。比如，在基础管理和早期发展管理阶段，必须考虑到经济和科技学科的融合。这种跨学科整合使创新创业教育能够实现革新，同时也能测试全新教学方式的可行性与成效性。同样，对公司的建立和发展来说，单一的职权功能彼此孤立是不可行的。不同职权功能需相互依赖、相互作用，形成整体结构，促进公司的生存和发展。

3. "兴趣 + 行动"导向模式，提升创新创业教育实效性。德国创新创业教育能实现以学生的兴趣为主导的专业化。换言之，学生的学习不受外界要求的束缚，而更多地根据自己的兴趣选择喜欢的专业教育。个性和自主性与创新创业教育相结合，不仅具有较好的可操作性，更具有创新创业教育框架所要求的行动导向性，行动导向性有利于个性化的学习。以行动为导向的教学具有综合性和反射性学习的特点，因此全面的创新创业教育必须有合理详细的教学安排，使学生在各领域具备这种专业的行动能力。专业的行动能力可以理解为创新创业教育赋予人们一种能力，既能使其深入了解职业环境的复杂性，也能调动各种资源完成目标。

从以上的培养模式可以看出，德国创新创业教育打破了传统的教师与学生的角色，表现为教师的作用主要是向学生提供学习资源，提出问题，解答疑惑，培养学生独立解决问题的能力，提高学生独立思考、判断、做出决策的能力。而学生的角色则定位于主动、积极和探索。创新创业教育的对象和教育形式要求学生要自主行动，制定并公开展示解决方案，表达自己的建议或独立见解，从而促进学生在各领域具备一定的专业素养及能力，使自己的个性得到全面发展。

（二）多方联动合作的孵化实践

1. 校企"产＋学—研"合作模式。德国高校和企业的合作，这一开放性的改革给企业带来了新的机遇，也让高校通过和企业外部的交流获得全新的认知和提升，这样的合作对双方来说是一种共赢。一方面，德国企业能通过高校的研究改进产品、研发新产品、开发新功能；另一方面，高校学生可以在学校导师的帮助下，参与实际研究和商业发展项目中，个人专业素养得到充分的锻炼和教育。例如，德国乌尔姆大学和戴姆勒公司进一步建立了合作关系。在与科研机构合作方面有着丰富经验的戴姆勒公司在乌尔姆大学建立"车辆环境感知研究院"，将双方在车辆环境检测领域的研究专长结合到一起。一方面，新研究所给高素质的年轻科学家和学生提供了实践专业知识的机会；另一方面，企业里经验丰富的汽车开发人员，也能与师生一同构思新的环境检测系统，这使来自学术界和商业界的研究人员并肩工作成为了可能。

2. "中心＋孵化器"扶持模式，搭建创新创业教育实践平台。由德国高校创立的创新创业中心对高校学生的创新创业提供了巨大的辅助作用，促进了丰富多彩的创新创业文化的形成。奥登堡大学是德国高校创新创业中心的成功实践典例，该校是德国六所较好的创新创业型大学之一，在 2011 年还受到德国联邦经济部 EXIST 竞赛项目的表彰。奥登堡大学在校内建立了创新创业中心并提供初级教授席位，通过这一举措创新创业者的创新创业文化修养得以提高，其独立人格得以培养，而且创新创业中心的影响向周边地区辐射，从而带动发展。创新创业中心的服务对象为在校大学生、在职人员、科学家和应届毕业生，也特别欢迎有创新创业精神者加入。创新创业中心主要开展创新创业咨询服务，还协助创新创业者发现潜在的商机，将他们的创新概念、技术、研究成果等投入到实际生产或服务中。所以，任何有创新创业想法或者创新创业项目的人都可以在这里得到专业且行之有效的帮助。

德国创新创业孵化器是推动创新创业发展的一个重要基石。促进创新、创业和高新技术的转化是创新创业孵化器最重要的功能，为创新创业者和创新创业团队提供技能、知识和其他必要的资源，推动创新企业的发展。德国孵化器发展呈现出欣欣向荣的局面，极大地提高了新生企业的成活率和向成功企业迈进的概率，创造了活跃的创新创业气氛。例如，彼勒费尔德大学的创新创业孵化器，德国联邦政府出资 1180 万欧元来推动这个总净值 3000 万欧元的昂贵项目。该孵化器包括四个分区和一个中央接待区，共四层楼。整个孵化器计划于 2018 年的春季完成，到时将有第一个技术型初创企业进驻彼勒费尔德大学的创新创业孵化器。该创新创业孵化器主要的目标客户是初创企业和年轻公司，孵化重心放在智能技术系统、分子科技和纳米科技等技术领域，因为这些都是各个大学和高等专科学校的重点学科。这些刚发展的公司在创立之初便可以租借办公室、实验室、会议室和工作室，用于商业洽谈和会议商讨。正是在这个孵化器的作用下，一个个指导项目正在步入正轨，发展壮大，培养了一批高素质的年轻人，创造了新的就业岗位，并给他们提供在城市安家立业的可能。

从德国的创新创业发展历程总结，其教育发展能取得较好的成效经历了三个阶段：首先，建立创新创业教育研究的框架体系，为政府、企业和高校联动开展指明了方向；其次，通过将研究机构和社会力量的结合，促进"产—学—研"三方共同体的合作，将创新发展融入教育当中；最后，通过政策的落实和创新创业文化的营造，创新创业教育得以日常化。

第四节 日本创业教育分析

一、日本高校创业教育的发展历程

众所周知，日本文化起源于中国，现代科技引自西欧，融中西所长，奠定了日本近现代文明的基础。从遣唐使、遣隋使的历史渊源来看，日本自古就是善于学习的国家，文字、语言、政体、经贸概莫如外，汲汲吸取国外营养，通过自我吸纳和创造，形成独特的岛国经济政治文化体系。日本的创新创业教育莫不如此，吸收了欧美的产学要素，又融入了日本的集团文化，使其"产官学"运作如同手足。

（一）日本创新创业教育的发展历程

1. 探索阶段

20 世纪 60 年代，日本经济高速发展，对于高科技人才和高技能技术人员的需求急速增加。日本政府和高校意识到，对于工程师和科技人员的培养迫在眉睫。高校积极加强和各方企业沟通，开展形式各异、内容丰富的产学合作研究与教育。进入 20 世纪七十年代后，日本面临企业数量激增，国际竞争日趋激烈，人员数量和生产质量极其不相匹配的窘境。应势而为，日本高校专门为企业开设了相对应的课程。具体包括管理、经营、营销、帮助技术人员实现创业的课程以及针对企业人员设立的 MBA、经营销售类的培训课程。虽然课程的阶层、范畴有一定的局限性和简易性，但是却开启了创新创业教育的挑战之旅。

2. 起步阶段

企业发展方兴未艾，对创新人才的需求日益扩大。整个教育体系逐渐重视学生创新素质的养成和创新能力的培养。许多大学将职业规划教育的理念纳入学校教学、学生的学习和生活实践，在学校教学方面，通过联系相关企业和社会机构，组织各种有关创新创业的讲座；在学生的学习和生活实践方面，鼓励学生去相关企业实习，以此达到培养学生创新创业能力的目的。这对培养学生的职业观念和工作能力有一定的帮助，奠定了日本创新创业教育的基本形态。

3. 完善阶段

日本教育改革国民会议希望将日本的民族文化融入创新创业教育和实践，为此它正式提出了"创业家精神"的概念。这期间高校主要针对社会人士和在校学生分别开设课程，一般设定的课程内容比较弹性，维持时间不长。通过设定的这些课程，民众的创新潜力和创业技能得以提高。比如，日本有 30～50 所高校开设专门针对社会人士、创业、造就专职人才的课程，早稻田大学设立的"傍晚集中讲座"就是一个典型例子。日本政府高度重视创新意识的培养和创业环境的打造，因为要走新路，就必须有自己的创造，并在人才培养上下功夫。因此，日本政府决定调动和整合各种资源，使政府、营利性的企业和非营利性的组织、高校三者各自发挥自己独有的优势，为创新创业教育创造环境和条件。

二、日本高校创新创业教育实施现状

进入 21 世纪，日本的高等学校面向大学生、研究生和社会各界精英人士着重加强创新创业教育，去滋养学子们的创业精神、生存能力、思维方式、创业技能等。早稻田大学、立命馆大学、庆应大学、大阪商业大学等高等学校开设的本科和研究生的必修或选修课程一直以来都将创新创业教育纳入其中，每个学校的课程均有自己的特点：日本实行形式和内容各异的创新创业教育，服务于国家和地域经济发展。在日本，大约 10% 的高等学校专门创立了培育创新创业型人才的专业，这正符合实施创新创业教育要求。然而从另一个实施创业教育的角度来分析，在实施创新创业教育课程的 200 多所高等学校里，在本科和研究生两个阶段都开展创新创业教育的学校有 70 多所。各类相关课程达 900 多门，其中本科课程 500 多门，研究生课程 400 多门。

三、创新创业教育理念与目标

创新创业教育在日文中一般表述为"起业家教育"，也可翻译成"企业家教育"。文部省（相当于中国的教育部）将创新创业教育定义为通过对一定职业观念、勤劳观念以及职业相关的知识和技能的掌握，根据自己的个性，自主进行职业发展选择的能力态度教育。在日本教育界，新课程倡导的"职业教育"和"生命力教育"接近创新创业教育。教育界对创新创业教育的定义倾向于创业基本素养和存活技能。关于创新创业教育理念，日本最值得我们思考和学习。我们所讲的创新创业教育通常是培训，只是表面，较为肤浅。而日本着重强调的是精神滋养，即创业家精神、创业必备知识与技能的融会贯通，努力实现通过实践这本活教材去感受和学习知识，达到真正意义上的综合素质教育。

四、创新创业教育实践模式

日本的创新创业教育希望国民尤其是青年具有高度吸收东西方科技和文化的能

力，充分发挥团体奋斗的精神，在各领域刻上"日本制造"。日本创业教育研究中心针对日本大学创业教育的模式提出了一个符合日本文化特色的基本框架，框架公式为：创业家诞生＝首先开发可能的创新创业素质（包括心理素质、非心理的智质和知识）＋通过成长的经历、家庭状况和教育树立企业家精神＋通过"产官学"的密切配合营造良好的创新创业外部环境（市场要素、企业要素、社会要素、政治法律要素、技术要素、创业家支援制度、税制等）。该框架作为培养创新创业人才的参照规范和要求在日本许多高校得到广泛应用。日本在法律法规、师资、课程等方面借鉴西方模式，同时加强联动，开创了系列课程，培养了具有丰富实战经验的讲师团队，并由政府主导，实施企业家培养计划。

（一）建立较完善的法规支持体系

《1980 年专利商标修正法》（英语版）是日本在 1980 年接受美国联邦政府的资金支援而促成的研究开发成果，同时也可以说是一项归属于大学的发明。此修正法促进了技术转移机构的设置以及推进了"产学"的合作。进入 20 世纪 90 年代，由于欧美国家严格的专利保护政策，日本经济逐渐失去了活力，所以，以"产官学"的合作与知识产权的应用为核心的经济振兴政策成为日本国策已是必然的趋势。20 世纪 90 年代至 21 世纪前 10 年，日本相继制定了《科学技术基本法》《大学技术转移促进法》以及日本版的专利商标修正法（产业活力再生特别措施法第 30 条），受政府资金支援的研究开发项目中，所产生的专利等权利归属委托方成为可能。此外，日本还制定了国立大学法人法、新教育基本法。将研究成果归还社会，成为法律明文规定的大学使命。日本应用专利等知识产权、推进"产学"合作，不仅在国内，也在世界范围内的知识竞争中突围，大步迈进了真正的"产官学"合作时代。

（二）培养灵活的创新创业教育师资队伍，建立了校内师资与校外师资
　　　相结合的"双师"制度

日本政府出台文件鼓励国立大学的教授和研究院所的科研人员从授课主业中抽身，兼职从事技术开发或企业管理。部分教授和科研人员投身创新创业工作之中，所以承担创新创业课程授课任务的教师大部分自身拥有创业经验。这部分师资主要来自经济管理学院、理工科和创业教育专业部门，主要讲授市场管理、营销、经济相关课程的创新创业教育理论知识，侧重于为学生创新创业打下夯实的理论的基础框架。此外，高校通过从校外聘请相关创业及管理企业家兼任授课教师，主要是风投专家、金融机构的专业人员、法律顾问、CEO、校友毕业生等，并开设知识产权、企业经营、技术经营等创业家培养相关课程，从实践的角度向学生传授创新创

业知识。日本开启了一条培养既具有较强的理论功底又不乏丰富的创业经验的"双师"之路，为快速提高创新创业教育水平提供了前提保障，同时形成了理论与实践相结合的教师培训体系。日本的创新创业教育师资队伍的培训弹性大，围绕教师理论和实践授课两方面展开，比较着重强调注企业与学生之间的相互沟通、切磋。主要通过教员企业研修、企业参观讲座、讲师派遣调研的形式展开。教员企业研修的目的是增进讲师对所讲知识深入透彻了解；而企业参观讲座的形式是为了潜入企业进行创新创业的场所去参与实践，获得与企业面对面交流和学习的契机。教师充分把握培训机会，专心致志的潜心学习企业实现创业的心路历程、经营模式、创业文化等，从而感悟出创业者所具备的素养，继而回馈给学生。由于平时授课任务艰巨，所以众多教师只能利用假期的空闲时间组建师资队伍。另外，学校之间教师的互向访谈、交流授课方法和手段也是提升创新创业教育师资队伍质量的最佳途径。

（三）开展丰富的创新创业教育课程及讲座

日本高校中试行的创新创业课程高达几百门，主要包括知识类和实训类创业课程，一些高校已构建了完整的创新创业课程体系，如推进研究生院商务课程及技术经营等课程建设。它们主要包括：企业家的个人性格表征和基本涵养相关课程，如企业家的心理承受能力、思想、思维路径、行为特征等；创办企业或公司的相关法律事务以及财税金融知识；企业内部运作相关的知识、技能体系和框架，如创业策划、资金运作、资产管理、成本控制等；管理学知识，如决策、组织、质量管理等；成功创业者的案例分析。创新创业教育讲座是一种效果极佳的教育策略。内容丰富且充足、时间不长但所涵信息易于理解且容量大、最主要是节约成本，人员所需数量少且方式灵活易于掌握。通过对创新创业教育讲座所作的透彻分析，日本高校的创业数量以秒的速度激增，并且形式和内容也是做了长足的改善。讲座主要是为了促进学生多样的人生经历和良好的人格教育，内容包括工商管理、技术经营等。在众多正规讲座的基础上，各高校还衍生出许多附属讲座，如早稻田大学所开设的夜间讲座中，会对学员讲解创业计划、女性创业家的培养和进行商业教育，同时还涵盖创业资本的作用、新型创业战略、知识产权战略、消费者网络等内容。早稻田大学还定期召开国际研讨会和创新创业类比赛等。此外，还有来自企业和社会的力量提供创新创业的指导和投资等支援。

（四）举办多样化的创新创业竞赛

日本将创新创业竞争赛事作为衡量学校创新创业教育成效的一个重要手段。通过创新创业竞赛与学校文化节、科技节相互辅助的一种途径，激发有创业意识和激情的学子们设立出属于自己别出心裁的计划书，也使得许多卓越的企业家从创新创业计划竞赛中脱颖而出。另外通过定期举办各种不同层次的创新创业计划大赛、创业想法大赛、发明王大赛等，为创业者提供一个良好的展现自我能力和构思的舞台。创新创业计划大赛涌现出的具有市场潜力的创新创业看法，是学校进行创新创业教育不可或缺的一种手段。

（五）实施企业家和创业者的培养促进计划

这是以商业化为目标的、由大学主导的新兴创新创业项目，为高风险、潜力大的种子企业构建商业化战略和知识产权战略。其中之一便是"全球企业家培养促进计划"。该项目是为了搞活日本创新创业体系，促进建立在大学的研究开发成果基础之上的风险创业以及现有企业的新事业开拓，形成由人才培养和有关管理人员、科技人员、社会团体等组成的创新创业生态系统。具体来说，就是以专业的研究生和青年研究者为主要受讲者开展实践性的人才培养组织支援活动，该活动以培养受讲者的创业家精神、创业技巧、发现问题和学会解决问题的能力，以及开阔视野等为目标，充分发挥受讲者的主体性（积极学习）。特别是，该计划不仅实行短期人才培养项目的支援，而且通过和风险关系部门、海外机关、民间企业的合作，对有关人员间的人脉、组织网络的构建给予重点支援，有望形成持续的创新创业生态系统。还有一项计划是"国际创业者培养促进计划"。该计划是一项为了加强创新创业，鼓励创办新型企业与焕发传统企业新活力，并致力于培养拥有专业知识、广阔视野、发现问题及解决问题能力的综合型创业者的计划。一直以来，日本主张培养拥有专业知识和研究开发能力的人才，但由于社会的急速发展，社会各行各业对创办新兴企业以及发起旧企业改革的人才需求急剧增加。为此，日本政府下属文部科学省于2014年启动了国际创业者培养计划，计划目标为，对通过与国外机构及企业建立合作关系，培养创新创业及企业改革人才的大学进行援助。计划的具体内容包括：1. 联合创业投资者、生产工厂、金融机构、大学研究机构等组织，为年轻研究人员提供研究创业具体流程及创业家心理特点的培训。2. 以创造性思维、创业意识、独立发现并以文理综合的角度解决问题等内容为中心进行研究。实施对象机构为日本国内大学、大学联合研究合作机构、高等专门学校。具体实施对象为研究生、年轻研究员、博士后研究员。援助计划期限：原则上为3年。这项计划是以拥有专业知识、技术的研究生和年轻的研究者作为对象，通过PBL等实践性人才培养计划（其中包括企业家合作、培养设计思维、创新意识和实战业务授课）培养出勇于挑战、勇于尝试的创新创业人才。如创业家、革新型研究人员、企业创业人员和创意技术人员等。计划以期达到的效果包括：1. 让有着专业知识和研究开发素养的人才拥有课题开发、课题解决的能力，培养创新创业思维和将其研究事业化的志向。通过大学研究开发成果和进入大企业观摩学习，达到促进创新创业的效果。2. 通过强化企业、大学与研究人员之间的网络联系，构建可持续的创新创业的交流系统，加深大学的创新创业教育观念。

第三章　中国高校创新创业教育的现状调查

第一节　中国高校创新创业教育的主要模式

我国的创新创业教育自 1998 年清华大学开始的创业课程开始，这些年中从我国的国情出发，积极求索，在吸取世界各国的创新创业教育理念的同时，不断的总结自身原因，不断的更新思路，逐渐形成了符合中国国情的有中国特色的创新创业教育发展理念与教育规模。

一、我国高校创业教育模式发展背景

我国高校创业教育可以说是在国际创业教育潮流和大学生就业问题的现实促动下发展起来的。首次世界高等教育会议发表了《21 世纪的高等教育：展望与行动——世界宣言》，明确提出：培养学生的创业技能，应成为高等教育主要关心的问题。大会发表的《高等教育改革和发展的优先行动框架》强调指出："高等学校必须将创业技能和创业精神作为高等教育的基本目标"，要使毕业生"不仅成为求职者，而且逐渐成为工作岗位的创造者"，高等教育应主要关心培养创业技能与主动精神。作为对这一趋势的响应，我国《面向 21 世纪教育振兴行动计划》指出"高等学校要在国家创新工程中充分发挥自身优势，努力推动知识创新和技术创新""加强对教师和学生的创业教育，鼓励他们自主创办高新技术企业"。《关于深化教育改革全面推进素质教育的决定》中提出"高等学校要重视培养大学生的创新能力、实践能力和创业精神"，对提高大学生的创业能力，培养具有创业精神和社会责任感的、较好地适应经济社会发展需要的大学毕业生有明确的要求。《国家中长期教育改革和发展规划纲要（2010—2020 年）》和 2010 年教育部发布的《关于大力推进高等学校创新创业教育和大学生自主创业工作的意见》都进一步明确指出，开展创业教育，要以提升学生的社会责任感、创新精神、创业意识和创业能力为核

心。培养学生的综合素质与发展潜能，首先要解决的问题就是要把创业教育的理念由技能型教育向素质型教育转变，把学生的创业素质培养融入到人才培养理念中，适时推进大学生创业教育转型发展是推进创业教育内涵发展的必由之路。

在此基础上，我国高校创业教育的发展经过了高校自主的探索阶段和试点阶段，并逐步扩大范围，进一步深化高校创业教育，在全国范围内的高校开展创业教育。为了更好地指导高校创业教育的开展，教育部成立了全国创业教育委员会。目前全国已有 66 家国家大学科技园建立了"高校学生科技创业实习基地"。清华大学、上海交通大学、中南大学、北京理工大学等很多高校成立了创业学院、创业中心或创业研究机构。浙江、江西、广东等地高校开发"虚拟创业""商务模拟"等创业实践活动，增加学生的创业体验，提高学生的创业能力和实战经验。仅 2010 年各地高校就举办了 2 万多场创业大赛、创业论坛等活动，参加的大学生超过 300 万人次。高校已将创新创业教育纳入职业生涯发展课程和专业课程，面向全体大学生，融入人才培养的全过程。这些都有力地支持了创业教育的发展，并在实践的基础上进行有益的探索。

二、实践模式

我国各行政区域因应地方经济、社会发展的需要，发力于高校创新创业教育改革，陆续涌现出北京模式、上海模式、浙江模式、黑龙江模式、港澳台模式、广东模式等六大实践模式。北京模式是结合科技创新中心和文化中心的传统优势，以中关村科技园区等孵化器为重点，积极推动产学研合作和高新企业的孵化，形成了独特的产学研孵化基地建设模式。上海模式是围绕"国际金融中心、贸易中心、航运中心、科创中心"四个中心的规划蓝图，充分调动各种创新驱动要素的作用，以科技创新创业为重点，强化科技孵化器和创业基金的建设，打造全球科技创新中心发展模式。浙江模式是以建设创新型省份战略为指导，发挥创新创业氛围浓厚的地区优势，开展导师培育工程，加强创业学院和课程体系改革，探索创新创业生态圈发展模式。黑龙江模式是借助边境省份和农业大省的优势，借助电商和跨境电商创业大赛，以此为突破口，在人才培养和专业教育中融入创新创业教育的过程。港澳台模式是设立青年创业基金和横琴、澳门青年创业谷，注重创造力的培养和特色学程的建设，构建"政府、高校、企业、社会力量、国外资源"为一体的联动创业教育模式。广东模式则是将创新创业教育融入人才培养全过程，深化企业精英进校园活动，以创新创业训练项目、创业学院、孵化基地、创客空间为支撑，建立综合的创新创业教育模式。

三、教育模式

李克强总理在 2015 年政府工作报告中，提出"大众创业、万众创新"的双创国家发展战略，尤其强调原始创新意识的培养，原始创新是国家未来重点提倡和发展的创新形式。这种原始创新形式的主要意义是指前目前全世界未被发现的大型科学发明、原理性主导技术等创新成果。原始创新意义在于科学研究方面，特别是在新项目的研发和高新技术研究领域获得的独有的成果。培养原始创新这种最根本的创新，是国家创新驱动战略的重点和创新创业教育重点的发展方向。在政府推进创新创业教育的过程中，各高校也依据自身办学理念和师资资源，不断探索，走出了一条符合自身特点的创业教育发展道路。按照创新元素在高等学校的创新创业教育模式中含量的多少，特别是原始创新含量的多少，划分为以下三种教育模式。

（一）创新驱动型

该模式创新元素多，将创新植入创业中，强调原始创新意识和素质的培养。它依托学校自身雄厚的基础科研实力，以科技创新为主要教育内容，产学研"一体化"为实践方式，以创新来驱动创新人才的培养。该模式的典型院校有以理工科为主的"985"院校，如清华大学、北京大学、北京航空航天大学、上海交通大学、浙江大学等和香港科技大学、澳门科技大学、台湾中山大学等港澳台高校。该模式优势在于与国家创新驱动战略联系紧密，容易获得国家资金的大力扶持，对于原始创新人才的培养贡献较大；劣势在于采用此模式的高校需拥有较雄厚的基础科研实力，在"985"之外的高校中较为少见。比如，清华大学依托自身雄厚的科技基础，通过技术创业课程、技术创新研究中心、清华伯克利全球技术创新项目、科技创新基金等措施，使"技术"创新、创业人才的培养和商业化成为创新创业教育的聚焦点，有着独特的技术范儿，形成独特的"深度聚焦教育模式"；上海交通大学则以创业课程、实践平台、创业文化建设为切入点，建立创业扶持和孵化链的"一站式"服务，构建全覆盖、分层次的创新创业教育体系。

（二）模式驱动型

该模式的创新元素运用不多，更多是在创新创业的教学模式、组织模式方面进行创新和改进，创新与创业结合的力度一般，结合领域更多分布在"互联网＋"和"电子商务"应用领域。该种模式常见于普通的本科院校和以文科为主的院校。典型高校有黑龙江大学、广东外语外贸大学、华南农业大学等。该种模式的优势在于开展创新创业教育所需的资金和支持较小，凭借院校自身的实力较容易开展。但该模式的缺陷也非常明显，对于原创性创新人才培养较少，较难获得国家资金的重点支持。比如，中国人民大学发挥文科优势，加大创业课程选修比重，倡导参与式教学，并辅以课外实践作为创业教育课堂的延伸，成为"课堂拓展模式"的代表；黑龙江大学实行"课程、实践、保障"为一体的融入式创新创业教育模式，利用各种方式和方法将校内外资源进行整合，为创新创业教育实体体验创造条件，在培养学生创新创业精神的过程中，重点突出了创新创业教育的实体体验在其中的作用；东北师范大学践行"大创业观"的教育理念，深度融合专业教育，从课程体系、实践体系、价值体系、运行体系和评价体系五个方面构建"广谱式"创新创业教育体系。①

（三）技能驱动型

该模式的创新元素在创新创业教育中运用最少，强调创业技能的获得与创业实践。它与岗位教育结合紧密，多采用实习实训的方式。这类模式多见于高职高专院校。典型院校有常州信息职业技术学院和温州大学等职业院校。常州信息职业技术学院以体验教育为范式，形成了"讲座、论坛、大赛、实践"和"项目孵化、专业技能、团队训练、创业探索"体验的"四纵四横"立体化创新创业体验模式。这类模式的优势是与岗位就业结合紧密，能够在短时间内取得扩大就业的效果，但是对创新人才的培养作用不明显。温州大学则围绕岗位创业，将创业教育与专业教育深度融合，以培养在岗位上既能够发挥专业特长又有创新精神的岗位创业人才为目标，探索岗位创业教育模式。

四、教育组织模式

根据创新创业教育管理机构与职能、师资、课程设置等要素的不同，从组织模式的视角，可以将我国高校的创新创业教育模式概括为下面三种：独立学院模式、学院依附模式、多部门协作模式。

（一）独立学院模式

独立学院模式是在大学内部单独设立独立的创业学院，负责创新创业教育的管理、师资、课程建设等相关教学和行政资源，通过开设全校性选修课、设立辅修试点班等方式，来达到培育学生的创新创业理念、增强学生的创新创业意识和培养学生的创新创业能力的目的的创新创业教育组织模式。独立学院模式的典型高校有清

---

① 李伟铭，黎春燕. 我国高校创业教育十年：演进、问题与体系建设［J］. 教育研究，2013（6）.

华大学、北京航空航天大学、中山大学、上海交通大学等。该教育模式类似于美国高校的磁石模式，其特点是管理教学组织高度中心化，结合了精英化教育（比如试点班）和大众教育（授课对象为全体学生）的教学方式，但同时也在颁发创业学学位方面遇到了体制上的困难。

（二）学院依附模式

学院依附模式是创新创业教育管理机构、师资、课程设置都由大学下的各学院负责，在各学院特色专业方向下附设创业培训方向，以培养创新创业意识和能力、加强学生综合素质为目标，各学院共同推进创新创业教育开展的教育模式。学院依附模式的典型高校有中国人民大学、北京交通大学、西安交通大学、西安电子科技大学等。该模式类似于美国的辐射模式，特点是与专业教育结合紧密，较容易得到各学院专业教师的内源性支持，但是也存在对各学院资金和师资投入要求较高、学校难以构建统一的教育评价体系、各学院发展不均衡的问题。

（三）多部门协作模式

该模式是指多个部门通过共同协作来完成创新创业教育。这些部门包括各个学院和高校的职能部门，如团委、学生处、就业指导中心，他们合作搭建创新创业教育平台，分别负责创业教育的意识培养、知识传授、竞赛参与、创业实践等不同阶段的教育工作，管理机构、课程、师资等教育资源由各参与方共享和分配，以学生个性发展和综合素质培养为目标的创业教育模式。典型高校有北京大学、武汉大学、天津大学、东南大学等。类似于混合模式，该模式特点是能够发挥学院和各高校学生工作职能部门的优势和资源，但也存在各部门、各学院之间的协调成本较高、各不同阶段的培养环节衔接不紧密的问题。

第二节 创新创业教育环境建设与模式选择

作为一种比较复杂、相对开放的社会实践活动，创新创业活动不仅需要培养和开发内部结构要素，而且还要培养和开发外部结构要素。内部结构要素主要包括主体、客体和主客体矛盾等中介因素，外部结构要素即外部环境，主要是指社会环境要素。在创新创业活动中，外部环境是外因，不起决定性作用，但是因为创新创业活动是一种比较复杂、相对开放的社会实践活动，因此，外部环境依然会对其思想、制度和物质条件产生影响。根据马克思的哲学观点，内因决定外因，外因影响内因，二者之间是相互转化的，因此，如果外部结构要素参与到创业活动中去，真正作为创业活动的主体精神因素、那么创业活动的中介将会成为创业活动的内部因素。因此，外部环境往往对创业活动起着至关重要的作用。

高等学校只有按照《国务院办公厅关于深化高等学校创新、创业教育改革的实施意见》提出的关于创新创业教育的理念，切实把创新创业教育工作做好，才能培养出更多的创新创业人才。笔者认为，做好创新、创业教育工作需要关注的问题包括：加强创新、创业教育外部环境建设、构建创新、创业教育体系、提高相关课程教师的素质。本章重点分析创新、创业教育外部环境建设和构建创新、创业教育体系两大典型问题。

一、创新、创业教育外部环境建设

对于创新、创业教育来讲，外部环境的打造也是重中之重。外部环境大体包含：社会思想文化土壤、经济形势、政策等。

（一）改造社会思想文化土壤

社会思想文化土壤无论从主观、客观还是其他中介因素来讲，这些都是他的重要体现内容，社会思想文化土壤更是传承了中华民族的精神氛围。对主体、客体和中介来讲，社会思想文化土壤有非常强的社会规定性，即在现实中的具体的实战中，社会思想文化土壤和中华民族的精神氛围是非常相似的。所以，要想加大力度提倡一个民族的创业活动，社会思想文化土壤这一因素起着关键性不可或缺的重要作用。

虽然世界历史在不断地进步，可对于人类的文化这一问题上还是达不到一致的认同，多民族、多文化的现象一直在绵延着整个世界，形成了一片以不同方式文化交流的景象。各国参照着他国的历史思维文化而对自身的国家有着更为明晰诠释。接下来我们拿中国的历史文化与西方文化做一个鲜明的对比，为使读者更明了，我们这里具体来剖析一下不同国家的社会思想文化土壤对创业、创新、创业家园的影响的区别。

儒家文化是以儒家思想为指导的文化，而儒学正是中国传统文化的核心。孟子在其著作《孟子·尽心上》中曾经提到："尽其心者，知其性也，知其性，则知天矣。"① 通过这句话，我们可以看出在儒家思想中，其对认识论的解释是一种来自切身体验、遵循本心的认识论，儒家认同的观点是"天人合一"，即人必须遵循自己的身心使其自然发展，只有认识了真心，自然懂得了天、进而明白了自然。显然这是一种积极乐观的一种观点，我们可以借鉴这种观点来诠释人类的起源以及人类对大自然的热爱，毫无疑问再恰当不过了。但是这毕竟是认识论所走之路，这个路线已经对人类造成了困扰，阻止了人类对自然科学界的探索，进而影响我们在技术创新和创业活动方面的研究进程。

中国当代著名哲学家、教育家冯友兰说："中国哲学家不需要科学的确实性，因为他们希望知道的只是他们自己。同样地，他们不需要科学的力量，因为他们希望征服的只是他们自己。在道家看来，物质财富只能带来人心的混乱。在儒家看来，它虽然不像道家说的那么坏，可是也绝不是人类幸福中最本质的东西，那么科学还有什么用呢？"② 中国传统文化的历史观与自然观和认识论的路线也有着重要的关联。如上所述，内心的修养历练是完全可以达到完美的一种状态，甚至可以与天相通，更加证明了人心是善良有自觉性的根本没必要被管束。"性善论"一贯在中国社会思想中被人类所认同，占据主导地位，即便在过去曾经遭到荀子等一些哲学家的辩论。由此可知，道德化和人治是中国社会思想文化的又一重大特点。显然统治天下靠的是"仁心"，并非制度，与"仁心"相比，制度显然要逊色一些，在统治天下中，"仁心"起决定作用，而制度只是起一定的辅助作用。

《春秋公羊传·闵公元年》中说："《春秋》为尊者讳，为亲者讳，为贤者讳。"③《历代刑法志》又说："凡告父母者，不论其控告属实与否，均判以极刑。"在中国文化中，这充分说明制度创新活动是根本行不通的，创业活动的土壤更是难上加难不值一提。在中国古代社会，血缘性与父权家长制是其思想文化的特点，这充分表现在"传内不传外，传子不传女"的家族古训、"重农抑商"的国家政策等方面，这些古代的思想文化和政策严重地阻碍了创新、创业活动在中国

---

① 许登孝. 孟子导读［M］. 成都：四川辞书出版社，2003.
② 冯友兰. 三松堂学术文集［M］北京：北京大学出版社，1984.
③ 王维堤，唐书文. 春秋公羊传译注［M］. 上海：上海古籍出版社，1997.

发展的进程。

在共同的人性观点上，西方文化和中国文化有很多相同的地方，同时他们各自又坚守着自己的特色。其中不乏含有积极向上的思想意义对创新、创业活动起着重要作用。"西方文化虽然历史悠久，观点多样，但是他们的思想大多数都是以柏拉图和亚里士多德的哲学学说为基础。从表面上看亚里士多德和柏拉图的哲学观点在很多方面是不同的，但是本质和中心思想都是一致的。他们围绕着同一条线索，那就是要寻求本体，寻求万事万物的存在、认识及道德评判的先在之点。在什么是知识，怎样获得知识，我们通过什么渠道逐步认识和理解世界等问题上，他们都认为只逻辑才能真正获得真理。亚里士多德正是在柏拉图研究逻辑的基础上创立了三段论，把形式逻辑变成了一门独立的科学。他们共同为后世提供的后来在西方哲学史上占了统治地位的是这样一个公式：理性→逻辑→本体。哲学的主体是理性，哲学的对象是本体，哲学的方法是逻辑论证。因此，他们把'真'看得高于一切。"[①]根据上面的观点，我们可以得出这样的结论：与中国传统文化相比，西方传统文化着重体现在人与自然相对立的自然观、对外探求的认识论、独立理性的思维和符合逻辑思维的哲学方法，这与中国传统文化有着显著的区别。上述所论，在人类的思维能力与科研探索精神方面，取得很大成效，既益于新型科学理论的创建，又益于全力加大发展创新、创业的活动，在修身、养性、人之间的关系上，中国哲学占居主导地位，相反的是西方哲学所倡导的是本体论、方法论和认识论，比较看重这方面。但是在人性的理论上，西方文化主张的是制度战胜一切，他们坚信理性，恰恰认为人的本性非善良纯洁的，这一点与中国文化相背离的。

社会思想文化土壤具有一种神奇的无形力量，隶属于社会文化的一种认知理念。其表现为内在主体、物化于客体。内在主体重点强调的是主体精神意识，物化于客体则指社会的风格与内涵被社会思想文化土壤从侧面客体进行了形容，而社会思想文化土壤又对中介进行了约束。一般地，社会思想文化具有两面性。一方面，它是比较坚固、不轻易可以动摇的因素；另一方面，它又是在某一方面可以进行更改的因素。在中国近代史阶段，由于外敌入侵，优秀的中华儿女学习西方的先进科学文化、将马克思列宁主义确立为中国革命的指导思想，最终取得了建立新中国的伟大胜利。因此，在当今改革开放的时代，为了进一步推动创业活动的开展，促进社会的进步，我们应该打破不同文化之间的隔离，勇于学习有利于创新、创业的文化，积极吸收先进文化，取其精华，去其糟粕，既要学会"引进来"又要学会"走出去"，还应学会"吃百家饭，穿百家衣"，学会吸收各种农关于创新创业文化

---

① 易杰雄. 创新论 ［M］. 合肥：安徽文艺出版社，2000.

的精华，并为自己所用，将其转化、培育为符合自身特点的思想文化土壤。使我们自身的思想文化土壤能够做到尊重教育、重视知识和知识分子，将创新创业作为一种新常态，不断践行下去。

（二）培植市场化的经济形式

如上所述，显然社会思想文化土壤对创新、创业教育起着至关重要的作用，而经济体制和政策体制对于创新、创业教育的作用也显得尤为重要，两者之间经济体制占居主要地位。经济体制具有多样性且对创新、创业活动也有着不一样的定义，主要体现为自然、市场、计划的经济体制。在这个时代的领域下，市场经济体制对创新创业教育的高需求决定了作者笔下的创新创业活动。

下面让我们讨论一下，在自然经济和商品、市场经济的相互作用下，创新创业活动对我们的社会经济产生了哪些影响。在自然经济条件下，人类主要看重的是一个物体的使用价值，当这个基本满足之后，人类开始追求衣食住行等自身需求条件，这时，生产显得微不足道。截然不同的是商品经济和市场经济条件下所体现的现象，人类更看重的是物体本身的价值，是为了追求物体给自身带来的有意义的需求，就像货币。货币本身具有价值，一直在遵循着社会规律体现着所有物体的价值带动着整个市场经济的发展，滚动式的追求剩余价值。经济主体创造的剩余价值将会作为主宰科学、技术、教育的一种手段，自然而然创业活动逐步走向光明璀璨的方向。在客观上，创新、创业活动的主体能力得到了有效的提升，同时也加强了我国的科学文化意识。由于创业活动这一产物的出现，大大减少了人类在科学技术方面研究成果，而快速进入具体并且实用的进程上，促进了个体和社会在管理水平方面上的组织能力。故市场经济经济体制在创新、创业活动中体现的更加淋漓尽致，相比之下，自然经济体制略显逊色。

创新创业活动除了受到自然经济体制和社会经济体制的影响外，还受到计划经济体制的影响。马克思曾经预言，未来共产主义社会的经济形式就是计划经济。在他看来，社会主义革命是最完美的革命，而共产主义社会也是最完美的社会，计划经济体制和公有制的体系会在社会主义国家展现最完美的姿态，发挥最有利的作用。然而，结果却远非如他所设想的那样，相反，资本主义却取得了优异的成绩，占据了显赫的地位。从此列宁的"一国胜利论"在社会主义创作上崛起。紧接着社会主义制度在中国东欧等国家逐步进行整改并且实施了计划经济体制。假若按照马克思曾经设想的资本主义理念中进行计划经济体制改革，不会从根本上得到有效的成果，只是在最基础的理念中有所改变，在缺乏完善的制度和全面先进的生产力的主体条件下，尽管在某一时期可以达到其目的，但是从长远来看，稳固计划经济体制进而实现创业活动显得力不从心，在群众心中必然会失去一定的重量。创新、创业活动的初衷是满足人类的需求，它是具有风险、辛苦、激情的一个实践过程。当前形势下，我国是一个经济发展受限且生产力不足的大国，无法满足 13 亿人口的精神物质需求的情况下，是需要实实在在的主体创新、创业活动来处理问题并非只是执行规约性的口号。我国的思想走在最前沿，已经认识到社会主义的实践的重要性，借鉴西方经济市场的教训和汲取一定的经验，进而提出了一个核心目标，即建设社会主义市场经济体制。以市场为基础，更加全面地体现了社会主义对于一个国家的优点，完美地展现了两种手段的互相衬托从而得出更好的结果，是这一目标的最大特点。

就目前我国的市场经济体制而言，创新、创业活动的开展和社会的进步尚且存在诸多问题，还需要进一步的加大力度去建设和改善。所以创新、创业活动这一领域和社会发展的两大重点就是运用于市场经济体制中，强有力的疏通风险、利益及价格体制的关系，对政府的行为也有所规范，进而刺激了创新、创业活动在市场中的地位。

（三）扩大创新、创业活动国家投入

创新、创业活动在政策方面，国家给予了强有力的支持。对于一个国家来说政治是较为核心的基准，而政治恰恰是经济集中所反映的一种表现，可见只要一个国家把重心放在政策上就意味着经济、制度、知识及人力等资源是完全可以把控其走向的。尽管国家不会直接对创新、创业活动进行本质的改变，但是从深层度来讲，它却决定着创新、创业活动的未来趋势发展及进程。就创新、创业活动的投入国家面临着两大问题：其一，投入的多少；其二，如何投入，这就意味着创新、创业活动与其他项目以及在本身领域中的一个比重。

国家对创新、创业活动的投入多少，主要的关注点是投入与产出是否成正相关。我国一直以来是以农业为主，处于发展中国家阶段，我国经过不懈的努力待新中国成立后，开始进入工业经济时代，实现经济独立且具有现代化特色的路线，介于目前的经济形势，我国开始着手于第三产业，从侧面促进经济发展，把高科技产业和文化产业作为重点。也就是说中国生产力正从农业、工业的二元格局向着农业、工业、第三产业的三元格局转变，这表现出多元性的特点。所以，在国内生产总值的经济指标地位上，高科技产业是相差甚远的。但是作为后工业的生产力的知识经济，无间断的汲取有限的自然资源，从而在很大程度上造成资源的匮乏等其他问题。然而在知识经济中，首要的经济要素可以用知识来代替自然资源，知识经济并非对物质的排除，是为了更好的运用当下的高技术重新挖掘出源源不断的资源，

此方法既满足了人类的需求还有效合理的运用了资源,所谓的小投入大回报。知识经济的支撑是知识、技术和组织管理制度的创业活动。这个观点体现了两方面的内容,既对中国的经济和社会发展有着积极的促进作用,更对国家未来发展的方向上起着至关重要的作用。

通常来说,农业象征着一个国家的财富,而相对于其他国家中国的农业比较滞后。我国是一个人口大国,大多数人以土地为生,国家也会相应地给予适当的政策及资金方面的扶持,因此在农业上占据了太多的人力和物力,整体拉动了中国城化的发展。中国政府对所谓的三农(农业、农村、农民)一直是比较纠结的,到底怎么去解决?作者依据知识经济理念而得出结论:依靠创新、创业活动。国家每年都会对农民的土地给予同样投入,年复一年这样的举动从根本上是完全解决不了问题的所在。我们必须结合西方科学技术成功经验案例和考虑到自身条件来一次彻底的革新,从而提升我国的农业生产力;提高农民的教育意识,通过制度激励农民创业,提升农民的创业活动能力,彻底改变中国的落后思想。对于工业和服务业领域,同样可以通过减免税政策,鼓励民营中小企业开展创业活动。通过创业实现提供更多就业岗位、发展区域经济的目标。目前中国正处于发展中国家,在资金、制度、人才上都比较短缺,国家的投入显得力不从心。但是我们唯一一点完全可以改变的就是创新创业在群众心中的意识,我国要想走现代化路线,必须做到各个方面的平衡,促进经济社会的健康和谐发展。在创新创业教育方面,国家必须加大各个方面的投入,激活创新创业的活力,提高全民创业能力。

二、学校创新、创业教育体系构建

《国务院办公厅关于深化高等学校创新、创业教育改革的实施意见》(国办发〔2015〕36 号)文件中提到:"深化高等学校创新、创业教育改革,是国家实施创新驱动发展战略、促进经济提质增效升级的迫切需要,是推进高等教育综合改革、促进高校毕业生更高质量创业就业的重要举措。党的十八大对创新、创业人才培养做出重要部署,国务院对加强创新、创业教育提出明确要求。近年来,高校创新、创业教育不断加强,取得了积极进展,对提高高等教育质量、促进学生全面发展、推动毕业生创业就业、服务国家现代化建设发挥了重要作用。"

文件从多个方面提出了具体的工作方法,包括资金支持、政策保障、教师队伍建设、创业教育体系建设,增加学生创业指导培训,拓展创业教育范围,创新教育方式和教学方法,完善相关学籍管理的制度建设等。然而,必须看到的是,当前中国高校创新、创业教育发展还很不均衡。正如文件指出的:"但也存在一些不容忽视的突出问题,主要是一些地方和高校重视不够,创新、创业教育理念滞后,与专业教育结合不紧，与实践脱节；教师开展创新、创业教育的意识和能力欠缺，教学方式方法单一，针对性实效性不强；实践平台短缺，指导帮扶不到位，创新、创业教育体系亟待健全。"

要改变这一局面，构建学校创新、创业教育体系就显得十分必要。下面重点探讨构建创新、创业教育体系需要注意的原则和具体对策。

（一）构建创新、创业教育体系的原则

构建学校创新、创业教育体系是一个系统的过程，笔者认为，在开展创新、创业教育过程中，还是有一些原则需要遵循的，其中比较典型的原则如下。

1. 科学性原则

创业活动是一种复杂的用创造性来解决各种问题的工作，充分体现了人类的创造能力。有人认为创业活动与科学原理关系不大，事实上，这种观点是不正确的，在任何情况下，人类在解决问题的时候，不可缺少的环节就是科学。科学性作为一种原则，是在创新创业过程中创造性的解决问题的原则，创新、创业教育作为创新、创业活动的组成部分也不例外。科学性原则在创新创业教育活动中，表现在下面几个方面。

（1）创新创业活动和创新创业教育必须坚持科学性原则。创新、创业活动可能依托于产品，可能依托于技术，还可能依托于服务。但是，不论何种形式的创业，都必须符合事物发展的客观规律。试想一个创业者把自己的创业目标定位为发明和生产永动机，其成功的可能性就可想而知了。不仅如此，创业的主体活动是商业活动，要保证商业活动的"科学性"，就需要规避国家法律不允许经营的领域，杜绝国家法律不允许使用的经营手段，遵循市场的经营规律。只有这样才能保证商业活动的健康发展。一些创业者在创新、创业工作中偷税、漏税，甚至个别人置国家法律、法规于不顾，实施制假售假、组织非法传销、囤积居奇、哄抬物价等活动。这种违反科学性原则的做法，必将导致创业的失败。创新、创业教育必须坚持科学原则，培养学生有社会责任感，诚信创新。有这些前提，学生在未来创业生涯中，才能成为对社会有用的人才。

（2）创新创业活动和创新创业教育工作的决策必须坚持科学性原则。有人曾经说：在创业成功者中，经历、学识差异很大，但有两点却很相似：一是家庭和睦，二是都善于打牌。初听起来，这种观点有一点风马牛不相及。但仔细分析却会发现，家庭和睦是创业中应对困难的精神支柱。而实际上在打牌的过程中，人们要不断进行运筹判断决策。创业活动中的创业决策是非常重要的，在创业决策中，创业者要充分分析和判断目前所拥有的信息资源。当今的社会中，不但人类活动日益趋于复杂化，而且经济中的信息也是日趋复杂化，因此，无论什么事情，一味的靠之前的经验是不行的。为了能更好的处理面临的问题，所以就应该学会运用统计学的知识。对掌握的信息进行处理、分析和决策，然后制定出决策方案，制成方案以后要运用管理学的知识进行分析、比较和权衡，最重要的是，决策方案必须以科学为依据。开展创新、创业教育工作，也要坚持科学决策，一些高校把创业教育单纯理解为鼓励学生开公司、出数字，导致一些没有受过系统教育的学生仓促上阵，无异于"引婴入江"。

（3）创新创业活动和创新创业教育的计划方案必须坚持科学性原则。有一个好的方案，但是没有好好规划，也不可能顺利的付出实践。无论什么方案，在实施之前都需要订立计划、然后实施周密的计划方案，要抓住主次，知道计划的关键环节所在之处，后续工作的不可缺少的部分是什么？那些工作可以一起进行？那些工作必须按照什么样的顺序进行。一定要制定最符合实际的计划，保证工作顺利进行。同时创业活动计划安排也应该是科学的才能执行好工作计划。开展创新、创业教育工作，如果没有一个有针对性的、系统的计划，就很可能照抄照搬其他先进学校的经验，出现"邯郸学步"的笑话。

（4）创新创业活动和创新创业教育的实施必须坚持科学性原则。要按照计划做到具体的实施，在创业的实施过程中，也要注意两个至关重要的环节，才能保证计划实施的执行效果和计划以外要处理的问题。要想让计划的执行效果达到最佳，首先要有正确的工作态度，执行工作的雇员要知道哪些工作是必须要做的，不可以擅自变通的，哪些工作是自己有权利决定的。当有困难的时候，负责工作的雇员应该最先认识到问题的性质。明确该问题是自己能做决定解决的还是需要反馈给上级，由上级做决定的。做出这些判断和决定的时候，要思路周详，用科学的原理。如果在创新、创业教育实施工作中不考虑课程的特殊性，而用传统教学的尺子去衡量，很可能会违反创新、创业教育规律，把创新、创业教育引入歧途。

2. 有限理性支配下的简单性原则

创新、创业活动是一个不能复制和模仿别人的工作，需要创业者根据自己的实际情况进行思考和决策，但是人的思考能力也是有限的。而此时，理性的思考是至关重要的。而在有限理性支配下的创业就会选择简单性原则。开展创新、创业教育工作同样要坚持这一原则。

举个例子一个数学家想要开车去集市上办事，最大的问题就是找停车场，他最希望的就是找一个离办事地方近的地方而且不拥挤的地方停车，除此之外收费标准还要是最合理的。总而言之，就是找一个停车场和该停车场的收费标准之间价格最合理的地方；运用西方经济学边际效用理论来解释，就是比如决策者愿意按一定比例，交换不同方面的增量；例如，停车场与办事地点之间的距离每变化 100 米，相当于拥挤程度减少若干，或等价于停车费减少若干。①

但是在实际生活中，不管是多么聪明的数学家，都不会按照上面的方法进行比较和计算，因为，在一般情况下，人都喜欢把复杂的事物变得简单，这就是有限理性支配下的简单性原则。

有限理性说强调理陛活动者思考、推理、计算和认知能力的局限性，完整地说，就是决策者面临复杂的外界环境，在自身认知能力限度的限制下，力图达到一定目的的行为风范。创业活动正是有限理性说的重要表现形式。在创业活动中，人们既能看到创业者对外部环境的适应，更要看到创业者技能局限性对适应过程的意义。有限理性说为创业者制定有效的决策、设计和规划提供了规定性的原则。因此，"寻求满意"的原则（简称满意原则）已经成为创业领域中最重要的原则之一。而要寻求满意的结果就需要对问题进行简化。因此，努力使问题简单化和寻求满意的结果是有限理性支配下的人类活动的必然选择。这一点对于创业活动来说表现得更加突出。在创新、创业教育活动中应用简单性原则的原因主要有以下几种。

首先，难以求得理论最佳结果是创新、创业教育工作应用简单性原则的客观原因。

在创业过程中，创业目标能否实现的重要条件是创业方案是否可行。创业方案的可行性是在设计创业实施方案过程中实现简单性原则的前提和基础。创业中的优化工作按任务目标分类一般可分为单目标设计和多目标设计。所谓单目标优化是指需要解决问题的中心目标是单一的优化设计问题。所谓多目标优化是指需要解决问题的目标是多个或多个目标重要程度基本相当，必须全面考虑。创业活动中是以实现目的为表现形式的工作，一般是多目标优化问题，优化是贯穿在创业者创业活动始终的一个过程。

"最优化"是典型数学的概念，在创业活动中实现"最优化"就是实现理论上的最佳，创业活动中绝对最优化是不存在的。为了分析这一问题，笔者将以一个单目标优化问题为例分析理论最佳的不可获得性。

要设计一条十分路线让推销员沿此路线走过数目及地理位置均已给定的几个城市，且所经过的路程最短。这就是有名的推销员问题。假设几个城市的相对距离如表 3 - 1 所示，推销员从甲城出发。

① 朱春奎. 政策网络与政策工具：理论基础与中国实践［M］. 上海：复旦大学出版社，2011.

表 3 – 1　各城市之间的距离

	甲	乙	丙	丁	戊
甲	—	250	1450	1700	3000
乙	250	—	1200	1500	2900
丙	1450	1200	—	1600	3300
丁	1700	1500	1600	—	1700
戊	3000	2900	3300	1700	—

对于这个问题，有一个直截了当的优化方法，即试算所有可能路线，取其路线最短者。由于现在有 5 个城市，我们就必须计算 5！＝120 条路线的长度。比如，我们先算出"甲—戊—丁—乙—丙—甲"路线长度为 8850 公里，但这不一定是最优解；再算"甲—乙—丙—丁—戊—甲"路线长度为 7750 公里，显然优于前者，但也不一定是最短路线。要想用这种方法找到最优解，非把所有 120 条可能路线全计算、比较一番不可。这个问题的特点是，当城市数目相当多时，可能路线的数目将迅速增长。例如，当城市数目增加到 10 个时，其组合路线为 3628800 条；当城市数目增至 50 个时，其组合路线为 50！＝3.04×1064 条。这种现象称为"组合爆炸"。假定我们算出每条路线的长度并同前次计算结果相比较，删去其中较大者，仅需用万分之一秒，那也要用 9.64×1052 年才能算完！这等于说是根本没法算完。对于这类组合爆炸的问题，巧妙的优化法也无能为力了。

创新、创业教育很难模拟创新尤其是创业活动的全过程，因此，选择简单性原则，用简化的模型、案例开展教学是一项有效手段。

其次，思维习惯性是创新、创业教育工作中应用简单性原则的认知原因。

环境心理学在研究行为性时发现，人有"走捷径"的行为习惯；同样，在思维中也存在着"走捷径"的习惯，通过简洁的思维过程一下子得到思维结果，就是以长期经验积累为基础形成的经验直觉。这种经验直觉在大多数情况下是能够保证思维结果的正确性的。正是这种过程既简单又省力，结果基本正确的价值判断成为创新、创业教育工作中应用简单性原则的认知原因。确定何者第一、何者第二的过程，实际上是对一个复杂问题进行简单性判断的过程；因此，简单性原则成为优化的外在表现形式。

在理想条件下，人类的整个思维过程完全是具有理性的。在具体的创业实践活动中，涉及的与创业决策相关的主、客观因素很多；在参与判断的主、客观因素中，有可量化但难以计算的，也有不可量化的。对于这类情况的处理，就只能借助创业者的经验使用简单陛原则进行判断。因此，在诸多因素的影响下，创业者很难完全按理性思维解决问题。在此情况下，创业者的由习惯性思维所引起的简单性判断作用更大。所谓习惯性思维就是由于外界环境的影响，创业者根据个人的知识积累和经验，对具体问题作出判断的思维方式。由于这种思维是受创业者固有的思维习惯影响的，因此，被称为习惯性思维。习惯性思维所反映出的思维特点可以被称为"思维的习惯性"，"思维的习惯性"决定了简单性原则成为创新、创业教育工作原则的原因。

由于思维习惯性的存在，创业者很难获得综合的、一致的效用函数。它对备选方案的价值考虑是受到注意力支配的，注意力的影响就决定了创业者考虑范围的简单化。当创业者对创业中的问题进行分析时，他的价值考虑将集中在当前所面临的基本问题上；创业者的思维空间就被限制在待解问题系统这一有限范围内，不可能把待解问题系统之外的其他相关需求都同时加以考虑。即使同时存在多种需要，也要首先顾及其中最迫切的问题；有时由于条件过于复杂，甚至只重点考虑核心的需求目标。因此，创业者对备选方案的优劣衡量，不是依照某个囊括全部价值的效用函数，而是一个遵循简单性原则的部分的效用函数。

由于思维习惯性的存在，创业者根本不可能真正寻找一切备选方案。在决策过程中，他们往往只考虑与做抉择最有关系的少数方案，这便形成了方案选择上的简单性。同某一事物有关的其他事物，尽管从原理上讲是极其大量的，但由于使用了简单性原则，人们只考虑其中的少数几件，而把其中大部分忽略掉了。比如，一个人在决定花钱买车时，考虑到的备选方案可能只限于购买本地区某几家商场里的某几种车，尽管他做抉择的客观环境还包括其他地区的另外一些车，甚至包括把这笔买车钱花到其他用场上。

由于思维习惯性的存在，创业者在做任何决策时，即使在进行重要决策时，也很难把一切可能后果都认真考察一番。实际上，创业者只是对备选方案的后果有着一般的了解；他可能会对一两个重要后果认真地加以思考，但他决不去思考其余的无数可能后果；也可以说创业者不可能对诸多复杂因素一一考虑。世界上的事物之间的联系，原则上讲是普遍的，但人们在实际思考时，只考虑很少的几个主要联系，这便形成了决策方案制定上的简单性。

由于思维习惯性的存在，创业者会主动寻求简单。因为创业者尽可能不同复杂性情况（通过优化方法实现简化）打交道，由于没有一致的效用函数，不考虑一切备选策略，也不考虑每个策略所可能导致的一切或然事件；所以，他在不同时期所做的决策，很可能是不一致的。从连续推移的时间上看，即使侥幸获得"此时"之"最优"，等到"彼时"来看，很难仍是"最优"的了。所以，"最优"概念本身，对于受"思维习惯性"影响的创业者来说，是很成问题的。放弃"最优"，选择

"次优"，思维习惯性影响下的创业者思维活动体现出的正是典型的简单性原则。放弃"最优"，选择"次优"，教育者就实现了优化与简单性在创新、创业教育工作中的统一。[①]

再次，目标性是创新、创业教育工作中应用简单性原则的动机原因。

创新创业教育工作具有一定的目标性，在其领域内的每一项工作都会有一个特定的目标，而且大部分的工作是不重复的。领域内工作的总目标被分解为多个、不同层次的目标，伴随着最终总目标的完成，创新创业教育工作也就基本完成。

工作任务的一次性、非重复性决定了每次活动必须根据需要因时因地按目标的要求、环境的情况、当时的技术条件进行工作。具体的创新、创业教育的设计与实施是一种具体教学目的性条件下的活动，教育者由于受教学条件的影响，在选择方案时就会自觉以实际情况为标准选择最适合教学的方案（即从经济角度出发的最简方案）；因此，教育工作者思考时不可避免地带有目标性倾向，对目标实施条件进行选择与简化也就不可避免。这时，简单性原则就成为工作的首选思想原则。

对于创新、创业教育工作中的具体项目和课程教学任务，在完成任务的时间、资金、人力、物力等方面都有要求；这就决定了实施方案设计不可能完全是理论上的设计，设计中常常出现为了完成任务而不得不做设计调整的现象。这种调整是为了满足上述时间、资金、人力、物力等功利性要求而做的，调整后的设计内容就不可避免地带有以完成上级教学要求为目的的功利性色彩。在功利性的驱使下，教育工作者在进行设计决策时往往由于条件所限而主动或被动地放弃了对全部可行设计方案的考察；进而依据简单性原则遴选出部分设计方案进行优化。事实上，创新、创业教育工作中的方案决策实际上是教育工作者在相对功利性条件下进行的；创业的重要目的之一就是实现利润最大化，即在完成任务的前提下实现成本最小；成本最小的实质就是使总资本投入最小。实现总资本投入最小的过程，实际上是一个协调总资本投入中各类资本投入比例关系的过程。显然要达到这一要求就必须建立一组关系函数。虽然主要变量只有两个（"物量资本"和"人力资本"），但两者又都受许多因素的制约，因此很难建立或构造出一组理想的、能够全面反映各种因素的关系函数。建立或构造出的关系函数往往是忽略一些次要条件的结果，这一点是完全符合简单性原则的。最优化结果求解的困难，导致选择"次优化方案"的使用正是功利性因素作用的结果，教育工作者在传播这一理念的同时，也正是强化简单性原则在创新、创业教育工作中作用的体现。

在创新、创业教育决策中的另一种目标性倾向就是追求最终效果的"最佳"。

---

① 叶映华，徐小洲. 中国高校创业教育 [M]. 杭州：浙江教育出版社，2013.

效果"最佳"往往与实施过程的学校的固有规定、教学条件相矛盾。而在以教学活动为代表的工作中,不能工作中创业又是教育工作者不可侵犯的准则。在功利性原则的支配下,方案设计者往往采取在不违反学校固有规定和标准的前提下降低教学效果的办法。

最后,寻求满意解是创新、创业教育工作中应用简单性原则的技术原因。对于一个具体的问题而言,整个问题中的评价、选择工作,不可能完全用优化方法来完成,其中大部分工作要用次优化方法来完成(即寻求满意解),以寻求满意解作为完成任务、实现目标的技术手段正是简单性原则的体现。

在数学优化理论中,问题的解有三种类型:最优解、满意解、可行解。最优解是求解数学模型得出"解集"中的"最佳值",是一种很好地达到解决问题全部要求却很难在现实生活中实现的"理想状态",教育工作者在创新、创业教育工作中基本难以采用。可行解是求解数学模型得出的"解集"。由于"可行解"中包括一些"极差值",它是一种只能达到基本要求的"临界状态",教育工作者在创新、创业教育工作中也基本不会采用。满意解是求解数学模型得出"解集"中的"中间值",是一种较好地达到解决问题全部要求的"惯常状态",教育工作者在创新、创业教育工作中会常常采用。因此,教育工作者在确定方案时,就会在"可行解"中寻找"满意解"。现实世界中各种条件相互制约,不可能使全部条件均达到"最佳";因此,寻找"满意解"只能实现目标条件大体上的"满意"。本书提出的满意原则是指在工作中实现其总体目标,"满意"的概念不同于日常习惯上的满意,它是一个数学意义上的"满意"。

教育工作者的功利性思想决定了创新、创业教育工作过程就是寻求解决问题方案满意解的过程。寻求满意解,意味着寻求在当时看来比较满意的解决问题方案。这个方案通常是经过逐步搜索而构造出来的。寻求满意解的教育工作者通常不是先把一个个方案构造出来,然后挑选一个;而是先构造一个方案,看看满意不满意。如果是满意解,就停止搜索;如果不是满意解,再构造下一个方案。如果找到了许多方案,都不能令其满意,就会降低自己的满意解标准。满意解标准的出现实际上就是放弃了复杂性原则而选择了简单性原则。显然,寻求满意解的过程是一个考察方案的过程;寻求满意的教育工作者的最后选择往往取决于他构造的方案的顺序。比如,假设甲方案比乙方案更好,但两者皆达到了满意解标准(欲望),这时,先构造了哪个方案(如乙),哪个方案就被接受了;决策者不再继续构造其他方案(如甲)。

在具体的寻求满意解的过程中,首先,根据产生欲望并以境况优劣程度来调整欲望水平的机制,来确定什么是"满意解"或"好";然后,寻找备选方案,直至找到一个"足够好"的方案为止。这个原则对设计解决问题的方案模型和思维模型的工作提出了一个要求：所设计的方案模型和思维模型应当是符合简单性原则和满意原则的模型，它应当体现这样一种机制，使人在无法完全了解复杂事物的情况下，仍能处理复杂事物（用简单性原则处理复杂事物）。由于在复杂世界里，备选方案不是给定的，而是必须去寻找；又因为备选方案不是只有一、两个或有限多个（从本质上说有无穷多个）；因此，根据满意原则，教育工作者通过将简单性原则引入思维过程，避免了试图在真实世界里寻求最优的困难——寻找、评价和比较无穷无尽的备选方案，避免了思考、策划过程进入永无止境的恶性循环。满意原则提供了现实的终止判据，即一旦找到足够好的备选方案，便停止思索，告一段落。因此，满意原则是简单性原则在创新、创业教育工作中得以实现的载体。

创业活动具有复杂性和非线性的特征；但是由于理论上的最佳结果难以实现的客观原因以及思维习惯性、功利性思维和满意原则的存在，教育工作者为了实现教学目标，总试图在一定范围内将复杂变成简单，将非线性转化为线性。在这个以简单性为原则的转变中，理论上的最佳结果难以实现的事实是基础，功利性思维是动机，思维习惯性是转换的辅助力量，寻求满意解是外化表现形式。

（二）构建创新、创业教育体系的对策

创新、创业教育工作目标就是在教给学生创新、创业知识的同时，培养学生的实践能力，提高其综合能力。笔者认为完成这个任务的关键是建立有特色的创新、创业教育体系，而开发一体化体系是构建学生创新、创业教育体系的有效途径之一。

1. 构建一体化课程促进创新、创业教育工作

所谓一体化课程，就是将当代大学生所需要的创新、创业能力作为一个系统去考量，而后设计一个前后关联紧密的课程体系。目前，创新、创业教育基本上是以讲座、公共选修课形式实现的活动，因此，结合创新、创业教育工作，实施教学内容整合，把相对松散的讲座和公共选修课整合起来，开发一体化课程工作是切实可行的。

开发创新、创业教育一体化课程时应当关注如下三个方面的问题。

首先，在创新、创业教育一体化课程过程中，要对与学生创新、创业能力培养密切相关而专业课程又很少涉及的观察能力、想象能力、联想能力加强训练，培养学生的逆向思维、发散思维，提高学生的思维灵活性；营造有利于激发学生潜能的心理环境，促进大学生利用类比、举一反三，开拓思路，拓展思维，发挥主观能动性，提升创新创业能力，实现综合素质全面提高。

其次，开发创新、创业教育一体化课程的目标，是使学生可以树立正确的理想，善于独立思考，拥有自己独到的、有创新性的观点，并能够轻松表达思想，为未来的工作服务。因此，教育目标应定位在培养学生应用能力上。教师应重点培养和激发学生的学习兴趣，进而帮助不同基础的学生发现自身不足，并从方向上和方法上引导大学生去查资料，补充其参与科普活动所欠缺的知识。然后，还应鼓励大学生积极参与活动、大胆地展示自己的才华和学习成果。

再次，在教学中激发学生的参与意识是促进学生能力逐步提升的关键。兴趣是最好的老师，教师在教学过程中首先要培养大学生参与活动的兴趣。因此，教师应该以一个组织者和学生朋友的身份进入教学环节，减少学生的压力，鼓励学生大胆发表个人观点。不仅如此，教师还应该运用多种教学手段和方法（如多媒体教学、案例教学、头脑风暴法等）尽可能多地为学生创造实践、展示的机会，鼓励学生大胆地设想、实践。

建立创新、创业教育一体化课程计划是实现创新、创业教育工作从理论走向实践的关键节点，是在教学中更好地保证学生学习到与未来创新、创业相关的知识和能力的关键，也是培养当代大学生创新、创业能力的系统方法。一般来说，创新、创业教育一体化课程计划应当具有以下重要特征：1. 创新、创业教育一体化课程计划是根据大学生的身心特点、知识储备和能力水平而设计的。因创新、创业教育对于人才的培养有明确的目标和能力要求，这就要求创新、创业教育一体化课程计划的设计应该促使这些能力之间能够互相支持和补充，实现各种能力之间的有机联系和组合，避免它们"单枪匹马作战"。2. 专业学科知识对大学生创新创业能力也会有一定的要求和培养目标，而创新、创业教育一体化课程计划能够将这些能力进行有机的组合，从而减少了与专业学科知识在能力培养上的矛盾。3. 在创新、创业教育一体化课程计划中，每个选修课或讲座都应当明确规定关于创新、创业人才能力的学习效果，以便为学生将来自我学习打下良好的基础。创新、创业教育一体化课程计划形成一个总体效果大于各部分相加的教育系统。这个教育系统由相互联系的各种元素的协调构造而成，每一元素都有各自明确的功能，所有的元素共同作用，以确保学生达到专业所设定的预期学习效果。①

创新、创业教育一体化课程计划是通过与本科必修课教学基础相结合，培养大学生创新、创业能力的系统性方法。当创新、创业课程的有关内容和学习效果之间具有明确的联系时，创新、创业能力应是可以相互支撑的。一个明确的计划使教育者可以将当代大学生的创新、创业能力培养工作进行整合。

---

① 席升阳. 我国大学创业教育的观念、理念与实践［M］. 北京：科学出版社，2008.

　　构建创新、创业教育一体化课程计划有实践上和教学上两方面的原因。实际上，我们只能重新分配可用的时间和资源。传统本科课程计划很难增加创新、创业教育的内容或时间，特别是当预期学习效果超出学科核心内容时，学生每学期需要完成平均的课程任务，而教学计划难以拓展学生的经验。因此，在构建创新、创业教育一体化课程计划时，必须能够使能力和学科知识得到同时的发展。

　　创新、创业教育教师要在提高学生的学习效果方面扮演重要的角色。如果教师确信创新、创业教育工作进行的能力培养是重要的，他们就会在创新、创业课程中将这些能力和创新、创业课程的学习效果结合起来。此时，当他们示范这些能力时，学生就可以在课程结束后的实践活动中培养这些能力。关键是教师要向学生说明创新、创业能力在未来创新、创业实践中的重要性和合理性。

　　创新、创业教育一体化课程应具备以下特征：首先，专业学习效果会系统地渗透到教育的每个环节的学习效果中。其次，教育系统的各个环节规定了它们如何相互支持学科基础知识的学习，并具体说明了如何使个人创新、创业能力达到预期的水平。最后，创新、创业教育一体化课程计划的设计是由全体参与创新、创业教育的教师认可并认真实施的一个明确的计划。这一点对创新、创业教育一体化课程计划的成功执行至关重要，因为教育是由整个教学领导层主导并且由具体教师去执行的，因此，全体参与创新、创业教育教师达成一致非常重要。

　　在对创新、创业教育一体化课程计划进行设计时，有一点很重要，就是要意识到每个教师对某一创新、创业能力作为创新、创业教育一体化课程计划一部分的作用和地位可能会有不同的理解。有的教师觉得相比教学内容，创新创业能力是次要的，因此，在其教学计划中，他们可能会更倾向于教授内容，而忽视能力的讲授。对能力和学科内容在认识上的关系将影响教师对创新、创业教育一体化课程计划设计的看法。当教师对基本能力的目的和地位有不同看法时，就需要通过对创新、创业教育一体化课程计划中的分歧进行讨论并提出建议的方式来实现。这些讨论有利于在进行对创新、创业教育一体化课程设计的准备阶段便知道如何将当代大学生创新、创业教育工作目标与教学知识进行有机的结合。因此，要努力实现教师从关注与教学计划无关或相关类别的判断转变为重视能力和学科知识的相互作用上。

2. 创新、创业教育一体化课程中的教、学环节分析

　　要实现创新、创业教育工作目标，教、学、评估是实现教学目标的三大因素。因此，怎样对学生开展学习效果评估以及如何处理好教与学的关系是建设创新、创业教育一体化课程必须面对的两个关键问题。

　　创新、创业教育一体化课程教学目标是使学生在学习学科知识的同时，学习并实践其他创新、创业实践活动相关综合能力。前文已经分析了把能力融合到创新、创业教育一体化课程中的重要性。教学工作经验是创新、创业教育一体化课程教学重要基础，结合以往经验形成的案例进行课程教学是实现讲座计划中所设定的教育目标的基础。这些方法的主要特点有：一体化学习计划要求有明确的关于大学生创新、创业综合能力培养的预期学习效果。在大学生学习创新创业知识的过程中，创新创业教育的老师处在中心地位，在授课过程中，教师除了讲授这方面的知识和能力外，还应向学生传达创新创业知识和能力的价值及二者之间的联系。经验学习使大学生置身于创业者将要面对的环境中。主动学习使学生能够实际参与模拟活动，这不仅可以应用于经验学习，而且可以应用于传统的学科课程和大班课程设置当中。通过运用这些学习方法，不仅增强了学生学习的主动性，而且提高了他们的动手操作能力，这样，学习的预期效果更有可能达到，因而也就满意于所受到的教育。因此，笔者认为，要实现创新、创业教育一体化课程教学目标，需要关注学生对教与学的认识、一体化学习、提高一体化学习的方法和资源、主动学习和经验学习等四个方面的问题。下面将从学生对教与学的认识出发，逐步展开对创新、创业教育一体化课程教学相关问题的分析。

第一，学生对教与学的认识。

要实施创新、创业教育一体化课程教学，就要求广泛使用教学、学习和评估的方法。在开展教学之初，重要的一点就是要了解学生对现有学习方法的认识。针对这个问题，笔者开展了针对大学生的访谈，收集学生对教与学的看法，努力发现学生在创新、创业知识学习中的共性问题。根据调研结果，笔者发现，许多学生的建议都与其学习评估和学习期望有关。实际上，学习和评估是相辅相成的。

在这个调查中，许多学生表示出对创新、创业理论知识的用处和实用性的关注。学生觉得在以往的专业课程学习中常常需要为考试去记忆理论，但并不知道理论知识与专业实践和解决问题之间的联系。当然，这种观点与教师对理论的理解完全相反，教师认为，这些理论是认识周围世界和解决问题的基础。

下面是依据与学生面谈的结果所总结的典型看法：老师关心学生是否已经学过这些理论。事实上，单纯的学习理论知识使学生感觉无比枯燥，而且这些晦涩的理论知识并不会在他们的大脑内存留太长时间，除了考试时的"临阵磨枪"，大部分时候，理论都"还给了老师"，因为在学习这些理论时，他们不明白为什么这些理论是这样的，以及怎样去应用这些理论。学生应该更加重视应用，目的是掌握知识的所有内涵。但觉得自己有时不懂得如何应用所学的知识。学生想在学习理论之前去了解实际作用，因为这会激发自己对学习理论的兴趣。为了适应课程提出的要求，为考试而死记硬背，使得很多学生并不理解学习内容，因而学习动力差，缺乏积极性。这就说明学生只是为了应付考试而采取了重复记忆的肤浅的学习方法。就像他们自己所说的，因为并不真正理解所学理论知识，所以最终所掌握的知识结构也是混乱的，因而很难将这些理论在大脑内留存较长时间。反之，通过深入学习的方法，学生所学的知识结构清晰，并能长期记忆，达到了学生理解学习内容的目的。

因此，在设计学生学习活动的时候，必须区分学习和深入学习两种情况。对于很多学生来说，在学习理论时他们更愿意老师能够将理论和实践结合起来进行。因为只有在亲身参与实践后，他们才能够真正地理解课堂中所学习的理论知识，才能将理论和实践结合起来。因为更深入的理解了理论，因而学习的积极性大大提高，自信心也将随之增强。所以，通过创新创业教育工作提供的实践机会，能够帮助大学生更好地胜任以后的工作。

第二，一体化学习。

一体化学习是实现创新、创业教育一体化课程教学目标的一个主要手段。让学生在尽可能接近实际的环境中学习创新、创业知识的同时，培养个人创业能力。根据一体化的学习经验，教师要更有效地帮助学生把知识应用到未来创新、创业实践活动中。一体化学习可以带动大学生对创新、创业知识和能力的学习，使学生的学习时间得到双重利用。创新、创业教育一体化课程强调把能力学习效果融合到创新、创业教育计划中的系统性计划，关注创新、创业的实现问题。一体化学习意味着学生在学习创新、创业知识的同时，还要提高应用能力。作为提高学习能力的一种手段，创新创业实践活动能够让学生对创新创业知识有更深的理解。在创新、创业课程教学中，学生掌握了创新、创业的一般能力，使他们有信心在其专业领域中表现自己的创新、创业实力。创新、创业教育工作者期望学生能够描述或表达意见，能对创业活动中的设想和解决方案表示支持或反对，并能通过协作策划形成对策。显然，这些能力与学生对创新、创业知识的表达和应用密不可分。因此，应该对学习活动和学习评估进行调整，以强调与学科知识和能力有关的学习效果。学习和评估的交流在实际环境中更加有效，即在实践的模拟情况下更有效。

为使学习时间得到双重利用，学习活动和学习评估必须采用新的方法，必须特别注意把能力学习效果融合到一门课程中，但这并不意味着要把大量新的理论内容加人到已有许多内容的课程中。例如，在培养学生作为创业者所需的表达能力时，不能把表达教学能力看成是语言学、心理学、哲学等学科理论知识体系的一个新目录，而应当列出一个现代创业者需要掌握的重要的表达知识，这些知识包括多种能力，可以通过系统的教学和实践而获得。团队协作能力和交流能力等许多能力需要都可以在创新、创业课程中讲授和评估。在课程的设计过程中，决策者要着眼于将大学生个人能力提升安排在已经排好序的课程中，并逐步形成对一体化教与学活动进行策划的基本框架。

第三，提高一体化学习的方法和资源。

实现创新、创业教育一体化课程教学目标要从确定创新、创业教育工作目标开始，通过指定的预期学习效果来完成。在教学计划的设计过程中，要尽可能保证创新、创业教育工作的目标效果在创新、创业课程中基本得到正确的反映。然而，学习效果的改进和详细的设计却是每一个课程的任务。在课程学习效果中明确地指定能力，有助于确保这些能力的教学和评估，否则当教师对课程的目标存在异议时就会产生冲突。

通过对预期学习效果进行明确定义并形成一致意见，为创新、创业教育工作提供了一条解决问题和避免产生不必要冲突的途径。预期学习效果描述学生在参与课程学习之后能做什么。根据学生在参与实践后的表现，老师能够做出判断，从而确定是否达到了预期的效果。预期学习效果还指出学生必须达到的理解水平和能力水平。比较通用的教育目标分类法列出了六种知识和能力掌握水平：了解、理解、应用、分析、综合以及评价。

许多学习效果最初是通过应用与实践表现学生的知识、能力和态度的。尤其是在创新、创业综合能力训练过程中，仅有理论知识是不够的，应该有意识地策划和教给学生创新、创业能力方面的学习效果。例如，安排学生在创业团队中工作并不意味着他们就能自动地学习到创业的团队活动中所需的表达能力。在学生工作之前，应该首先明确一些问题，例如：团队是怎样形成的，在团队中如何计划和分配工作，如果在团队内发生冲突，应该如何解决等等。当学生有机会进行实践、对其经验进行反思以及将理论概念在实践中予以应用时，就会获得卓有成效的学习效果。为了重新设计包含主动学习和经验学习的内容，要为教师提供机会以提高他们的教学和评估能力。更多地使用新的教学和评估方法需要付出很大的努力。主动学习和经验学习的策划需要时间、资源和来自学习及评估专家的支持。要实现这一目标，就应当努力用实践教学环节打破长期以来在教学过程中已经根深蒂固的传统授课文化，这样学生的视野才会更加开阔。①

第四，主动学习和经验学习。

主动学习一直是高校强调的重点，它是一种深化的学习方法，主动学习就是通过主动经验学习的教和学两点相结合，为了让学生可以主动面对未来的创业所遇到的问题。尽量少一些使学生太过被动去接纳新的东西，让他们懂得如何去学习，学到了些什么。通过这种要求，有助于上涨学生对创业的激情，帮助他们养成良好的

---

① 韩国文. 创业学 [M]. 武汉：武汉大学出版社，2010.

学习习惯，从而达到最终的学习效果。与为应付考试而死记硬背理论不同，深化的学习方法是让学生去理解概念，从而帮助学生学会主动学习，并将学习内容与实践相结合，这些都影响着学生的学习方式。在学习中，学生的主动性是非常重要的，只有愿意接受新的东西，才能够更好的掌握知识与新的概念完美衔接起来。经验学习也是一项重要内容，锻炼学生完整地结合专业角色和专业实践的教学方案。经验学习方法包括表达能力的训练、仿真模拟、案例学习分析和实践经验模拟，这些方法是建立在学生如何学习和提高认知能力的教育理论的基础上的。

创新、创业教育一体化课程和实践活动是基于经验学习实现的。在创新、创业教育一体化实践活动中，经验学习的循环时间点也是不确定的。基于学生们接受相同教育知识和经验，所以要因人而异经过深思熟虑并且结合主动学习的授课课程去更好的鼓励学生们努力学习。我们还可以从侧面对课程及主动实践给予一个抽象的总结，譬如进行一个关于创业活动的模拟游戏去体现。院校多组织类似这样的活动，使学生们从中学到经验更好的总结自己，进而提升自己在主动实践的过程中的观点和对原理的总结能力。把所学经验运用到综合培训计划中，为今后对概念性的知识了解奠定了坚实的基础。

角色扮演学习是安排学生扮演专业活动具体角色的活动。角色扮演通常有具体的规则、指导原则和结构上的角色及关系等。在角色扮演环节中，课外活动指导教师的任务是解释规则和条件，以告知学生要充当的角色，并监控角色扮演，使其完整执行，引导学生思考自己的模拟表达实践效果，并得出结论。在教学过程中，教师应当把两个或更多的主动学习和经验学习方法结合起来，这样才能更好地实现教学目标。

第三节　中国高校创新创业教育的特点分析

相对于中国来讲，西方国家的创业教育发起的比较早即 20 世纪 70 年代开始，尽管我国的教育创业起步晚，但是在我国的教育部门及各高校的相互配合下，大学生们的创业激情不断高涨。

从设置的制度化课程来看，我国的创业教育并未形成一套完整的系统，但是在高校普及的课程当中不乏出现像"科创活动"、创业大赛、创业计划等创业教育的因素。再者还会涉及一些相关的非必选课程和各大讲座等。

创业教育是有目标、全面地结构性的一场革新教育，并非单一的指教育方法及内容的变动。这是象征着一个时代的进步，从死板的理念中激发大学生的教育思维和理念，成为洗心革面的另一代人，从而体现了人们对创业教育的价值有崭新的认识和规范。接下来我们介绍一下其特征：

1. 实践性。国家一直倡导的创业教育并非空想而是根据一些相关的课程和实践基地开展起来的，是具有依据目的性的。同时，在实施创业教育实践的过程中还可以培养大学生的品质和精神，换句话说，创业教育对创业实践起着重要作用互相影响。

2. 主体性。主体性是人的本质特征，通俗来讲，在人的主体性中是具备创新的内在潜质的，而创新教育正是挖掘其潜质的工具，将潜伏在内的主体转化成能动的主体。当然，一切实施的进程中，创业教育必须遵守原则维护学生的人格和地位，在此基础上更大程度去培养学生们的能动性、积极性等主体作用。使学生自主的去思考探讨问题，并且学会解决问题，这样才可使学生们成为全能型人才具备最基本的素质。

3. 独特性。不同高校之间都会具备自身的特点例如历史、类型、规模、地理位置和学生素质等方面，所以各高校都会形成一套属于自己的教育体系。高校在着手创业教育中，必须因地制宜，根据自身的情况而构造属于自己的体系，不可模仿其他院校走重复之路。

4. 创造性。通过创业培训、创业大赛、创业计划等创业教育，让学生充分参与其中，培养学生的创业意识、创业精神，并在教师指导和社会环境氛围的影响下，突破传统的就业观念，充分发挥主观能动性，创造性得开拓就业机会。只有充分调动学校及社会资源，吸收扩大教育形式、方法，培养具有创造性的学生，才能使我国的创业教育真正得以实现。

第四节　中国高校创新创业政策分类与分析

我国现阶段的大学生就业难问题越来越凸显，国家政策鼓励倡导大学生创业，出台了多部有关创业教育的指导文件，培养创业型人才已成为各高校的重要研究课题。大学生学习专业知识多年，具有丰富的知识储备和专业技能，具有比普通劳动者更高的眼光，有能力将自身的知识资源和专业技能转换为创业机会。各高校中也有越来越多的大学生走向创业舞台，其中不乏成功的案例。国内经济增速的放缓，也使得社会希望在这个互联网时代，大学生能够通过创业不仅能解决自身的就业问题，还能带来更多的就业岗位。

一、创业政策分类

我国为鼓励倡导大学生创业，出台了许多大学生创业扶持政策。我国鼓励大学生创业的政策可以根据国家有关部门出台的各种扶持大学生创业的通知文件进行分类，主要包括有关创业教育的政策、有关创业金融的政策、有关创业培训的政策、有关创业服务的政策。

（一）创业教育政策

20世纪末，我国高校的创业教育逐步发展，随后各高校组织的一些自发性创业大赛和有关于教育的探索逐步兴起。1998年由清华大学发起的首届"清华大学创业计划大赛"起到了探索的作用，为后续兴起的各类创业大赛指引了方向。我国当前开展创业教育主要分为两个方面，其一，组织各类型的创业大赛以资鼓励大学生对创业的兴趣；其二，全面覆盖普及创业教育的知识。从开始重视创业教育上，相比其他国家，我国是相对滞后的。但是经过数十年的摸索和实践，通过组织类型各异、丰富多彩的创业大赛激励高校大学生的创业热情和在全国范围内普及推广高校创业教育，目前已经取得较为惊人的战绩。

在创业教育上，我国大力度的实施了相关政策以致鼓励高校不断进行创新创业教育。早在多年前，国家有关部门出台的《面向21世纪教育振兴行动计划》重点强调教育创新并且强烈要求各高校对此相关课程普及化，从而在这方面加强学生们对创业教育的认知度，更好地去推进此工程，2002年4月份，为使我国的高等教育迅速成长，由原来的自发性摸索转变为由政府机关等部门引导的多元化探索路程，教育部在全国范围内选择了9所院校进行试点工作，主要在高新技术和创新创业教育方面全方位铺设，经过几十年的专研进程，我国的高校在创新创业教育上有了不可估量的成就。

在开设创业教育课程、师资力量方面，高校得到了一致的认同。在 2010 年，各高校为响应教育部出台的《关于大力推进高等学校创新创业教育和大学生自主创业工作的意见》，大都按照要求将创新创业教育纳入了文化与素质教育课程培训中，政府大力倡导高校以这种形式培养出骨干教师上千名，各专业教师必须通过互相学习、探讨摸索、严格培训并且结合国内外教育经验等方式，从而带动各院校学生对创业意识、创业精神抱有积极热情的态度，教育部提出《教育部高等教育司 2011 年工作要点》中，网络课堂是重中之重，大范围的推广及不断地进行改革，在 2014 年，国家有关部门出台了《关于进一步做好普通高等学校毕业生就业工作的通知》，通知强烈要求各高校开设创新创业教育课程，不断设计国际化新型创新教育课程，从数据来看，上海 90% 以上的高校参与其中，我国的创新创业教育水平得到了飞速的成长。

在创业能力、拓展思路上，国家政府等相关部门展开了不同形式的活动，为初出茅庐的学生提供了实战型的机会。教育部同科技部为出国留学人员举办了第 6 届"春晖杯"大赛，此次大赛尤为隆重，政府及相关部门特别重视，大赛囊括了多个高新技术领域其中包括电子科技、生物制药、资源与环境、新能源及农业科技等等。教育部举办了"2009 全国大学生创业大赛"，吸引了全国海内外的 61 支创业队伍参赛报名，几十种项目经过激烈竞争最终遴选出 10 个"创业之星"。紧接着教育部联合财政部对高等院校"创意创新创业"项目列为重点扶持对象，即将向全国（包括港澳台）高等院校发起挑战赛。在 2010 年，全国高校在先后举办了 2 万多场关于创业性的大赛等活动，一年的时间里激发了 300 万人的创业热情。

在 2011 年，教育部呼吁社会各界全面展开创新性比赛，并在出台的《关于做好 2012 年全国普通高等学校毕业生就业工作的通知》中对创业教育、创业比赛都做了指导性方案，同年 3 月份创办了创业工作交流会，就此创业教育大大的了推动了我国的经济发展。为了社会各企业及高校提供更加健全的服务资源与平台，各高校陆续成立了大学生创业实践基地。在 2001 年 5 月，由科技部和教育部率先成立"国家大学科技园"，其中包括中国众多知名高校，如北京的北京大学，清华大学，南京的人民大学等等。为实现国家繁荣富强、民族科技进步，为社会培养出更多的创业型、全能型人才，充分响应了国家的科技兴国政策。据相关研究数据表明，国家大学科技园在孵企业呈现几何式增长，带动了周边经济，吸引了大批高技术人才，造就了大量就业岗位。

国家为了更好的激励引导大学生参与到创业教育中，在各高校投入了大量的关于自主创业的软硬件设施并且收集了国内外相关的创业材料资源，在此同时，各高校和教育部门为了响应此重大项目，以增加就业岗位，促进社会经济发展为目标，在 2010 年全国各地搭建了 66 个"高校学生科技创业基地"，积极地落实了政策，各省的政府行政部门纷纷也作出举动，一起携手研究共建创业实习基地，为更快的实现创业型大国做出非凡的贡献。

（二）创业金融政策

在政府倡导自主创业以来，赢得了各高校大学生的好评，大学生创业面临的各种问题中，最重要的一个当属创业的启动资金。据有关调查，创业大学生中靠自己或者亲戚朋友的积蓄来做为启动资金居多，中央政府和各地方政府已经重视起这一严峻问题，就此联合教育部门纷纷出台了相应的优惠政策、财政金融政策和贷款，给他们提供了资金资助和优惠的税费，此举动拨开了大学生创业资金阻碍的云层，极大的鼓舞了大学生们的创业之心，鼓气，更是给他们减轻了重大压力，以下总括主要有四项政策。

1. 小额担保贷款政策

国家有关部分出台的《关于改进和完善小额担保贷款政策的通知》中，主要指出完善财政贴息管理和扩大贷款范围等，就此引导和鼓励高校毕业生面向基层就业，其中包括主动提出参与中西部地区而申请小额贷款，从事不以盈利为目或者微利的经营而给予贴息 50%（中央政府和各地方政府各出资 25%）的政策。国家有关部门在出台的《关于加强普通高等学校毕业生就业工作的通知》中，重点指出只要在自主创业的过程失败，都可申请低于 5 万元的小额担保贷款，在当地部门凡是经营微利项目者，政府都会给予相应的扶持。各地方政府纷纷也做出回应开始下发相关政策。除此之外政府还对一些高校以实施创业培训进行相应的支持，以资鼓励创业教育在我国大范围的开展下去，更多地吸纳就业毕业生，增加就业渠道。

2. 创业基金政策

刚出校门的大学生没有太多的社会关系，在资金方面相对比较紧缺，大多都是通过自己的亲朋好友借来的，无形之中使大学生感到创业的艰难。就这一难题，政府给出相应的金融支持。就上述所讲的小额贷款政策，还需要从以下几点去完善：一在原有的扶持的基础上还需要再次加大力度；二是办理手续上尽量的简化处理；三对资金这方面的审批和流向是需要重点监督的，必须保证其发挥到应有的作用上去。各地政府在实施政策的同时，完全可以借助其他创业基金政策的成功经验像上海市设立的大学生创业基金，更清晰完美的将其发挥到当地各区。我国当前社会的风险投资机构偏少，且发展不成熟，据有关调查，风险投资资本参与大学生创业的非常少，显然对于创业者来说，如若得不到风险投资的信任，大学生在创业的过程中是很难进行下去的。因此，政府对民间风险资本给予一些适当的政策倾斜，以便民间风险资本更愿意地去参与大学生创业。总的来说，国家出台一系列政策，构建一个完善的大学生创业金融服务体系，要求涵盖政府相关部门的金融支持、有关大学生创业的种子基金扶持、包括天使基金类的民间风险资本积极参与。

3. 税费减免政策

国家有关部分在 2003 年出台了《关于切实落实 2003 年普通高等学校毕业生从事个体经营有关收费优惠政策的通知》，通知中说明了除国家限制的行业外，一定时期内，自主创业的大学生各种费用给予减免。财政部在 2006 年出台了《关于对从事个体经营的下岗失业人员和高校毕业生实行收费优惠政策的通知》，通知中提到，高校毕业生从毕业起不超过两年，只要有想法从事个体创业者，并且准备赋予行动的，在工商部门登记注册之日起均享受 3 年之内适当减免各种经营费用。2010 年，国家有关部门出台了《关于支持和促进就业有关税收政策的通知》，通知强调，在校大学生毕业后自主创业者，三年内可以在税费方面上给予一定的扣减，规定每户每年 8000 元，此税费减免政策对于初出茅庐的大学生创业者来说，很大程度上缓解了他们的压力从侧面解决了资金这个重大问题。

4. 注册资金优惠

国家有关部门出台的《关于实施 2010 高校毕业生就业推进行动大力促进高校毕业生就业的通知》强调，政府部门对自主创业的大学生给予相应政策扶持，并根据不同创业者的特点，给予全方位的支持，注册资金亦给予政策优惠，适当放宽要求。

（三）创业培训政策

目前国务院强有力的宣传已经成型的创业教育体系，在已经出台的《关于进一步做好普通高等学校毕业生就业工作的通知》中就做出明确指示：将通过补贴形式的金钱以及授予相关荣誉称号、颁发奖状证书之类的荣誉称号鼓励毕业大学生自主参加创业。

创业文化是一种内化于形，外化于神的一种文化。有狭义和广义之分。不单单指文化，更多的是一种与经济挂钩的文化精神。有正能量的创业文化激励人们用于创新，不要惧怕失败。正所谓"失败乃成功之母"。同时还会营造"绿色生态"的创业环境，引导人们用自己勤劳的双手，有智慧的头脑追求财富，实现自我人生价值。使人们自觉接受"走遍千山万水，说遍千言万语，历尽千辛万苦，想尽千方百计"的创业精神。

（四）创业服务政策

人力资源和社会保障部于 2010 年下发了《关于实施大学生创业引领计划的通知》，强调整合大学生相关创业人员的文件资料等内容，在合适的时间段组织学生们进行一些交流会；大力协助各高校所需的资源，制定一套恰当的创业计划及路线图，让大学生提供优质的环境进行自主创业。对于开展创业教育，导师制度、交流平台也是重中之重，联系各界有创业经验的专家给各高校普及创业相关的知识，并且恰当地组织一些课外活动像大学生联合会、俱乐部等活动是很有必要的。政府等教育部门各执其能，促使大学生积极投身于创业并保持良好的心态；各部门利用好现有资源，给予大学生创业更多扶持帮助；在已建成的科技园区及各种产业园区内适当分配给大学生创业者，适当地在场地给予优惠政策，这样既降低了成本又培养了时代下的花朵，可以称得上两全其美。国务院在 2008 年出台《关于促进以创业带动就业工作指导意见的通知》中指出杜绝"四乱"。[①] 深度改革管理制度，对大学生创业开通了"绿色通道"，给创业者一站式地服务，所有的手续都将简化，没有时间限制以及给予适度的承诺，杜绝出现任何人或者组织干扰大学生创业的现象。国家有关部门出台了《关于进一步做好普通高等学校毕业生就业工作的通知》，通知中强调，各部门视大学生创业者的情况准备为创业者们提供"一条龙"的服务，让创业者们在创业过程中得到详细的政策讲解和风险测评等一些列的指导，以免在创业者过程中走太多弯路或者出现高风险。

二、创业政策分析

从长远来看，中国大方向是激励大学生创业，培养出具有创业意识综合性人才。当下解决的是如何将所学到的专业知识更好的运用到实践中，我们生活在这个经济匮乏的时代下，更希望大学生在自主创业的过程中不但是自己有了辉煌的成就而且带动更多的就业困难者一起铸就创业之路；接下来我们需要做的是把大学生的内在潜力挖掘出来完美的运用到实际能力中去，能够绽放他们内在的魅力，寻找更多的创业机会及岗位。

党中央及国务院极度重视创业教育这项工程，一再的强调加大力度创业服务体系，争取解决高校面临就业这一难题，为其谋更多的创业机会。

国家各级部门都制定出台了扶持大学生自主创业的相关政策，相关部门针对高校也出台了有关高校发展创业教育的扶持政策。大学生创业者在各方面都得到了非

---

① 罗志敏，夏人青. 高校创业教育的本质与逻辑［J］. 教育发展研究，2011（1）：29—33.

常多的扶持和鼓励，包括创业环境、创业机会、创业方式、创业成功率初始资金等等各方面，在全国范围内。大学生自主创业形成了一股热潮。

我国的大学生自主创业扶持政策取得的成效主要体现在以下四个方面。

（一）在创业培训方面取得了长足发展

中央携手各地方政府就创业培训方面做出了一系列培训政策。2003 年，上海市有关部门出台政策，发展创业教育培训，规定：凡拥有本地户口的人在当地开展创业项目就可以参加各种创业相关的培训，还可以得到政府的补助。此外，就这类型的问题，国家有关部门出台的《关于加强普通高等学校毕业生就业工作的通知》中指出，大学生自主创业的不但可以享受免费的培训还可以得到相应的补助。

我国目前的创业教育有了突飞猛进的发展，这一点从国家有关部门制定出台的相关扶持政策就可以看出。创业教育不是通过单一的补贴方式来推动大学生参与创业，而是多方位的全面扶持，包括启动资金支持，技术支持，经营优惠，教育培训等各方面，提高了大学生自主创业的积极性，也使得我国的创业教育更上一层楼。

（二）减少进入障碍的政策日益完备

各种优惠政策下发以来，大学生的创业热情不断高涨，使各高校顺利的开展创业活动。特别是各种新下发的优惠政策和一些减免政策很大程度上帮创业者解决了资金方面的困扰，使创业之门难度减轻，促使更多的创业者加入。

（三）信贷政策日趋合理

大学生创业最大的问题是资金缺乏。中央和地方政府可以通过两个途径来解决这个问题：1. 小额担保贷款。这一方式能使大学生筹集到资金，解决创业初期的资金短缺问题；2. 创业基金政策。与小额担保贷款相比，高校创业风险投资基金更有针对性。这些贷款和基金政策缓解了大学生在创业初期，因资金短缺而带来的尴尬，解决了创业初期遇到的困难。例如，现在现在小额贷款金额已经上升至 5 万—7 万元。

（四）创业环境日臻完善

创业环境有软硬之分。所谓的硬环境是指在创业的环境中我们需要具备的设备等辅助工具。而软环境是一种抽象的概念且范围比较广，它是指对创业的认知以及在创业的过程中的氛围和相关扶持。国家为了更好更快地开展创业教育及营造良好的氛围，地方政府同样做出大的举动为当地创业者提供场所、教育等相关扶持。显然，对于大学生的创业激情，如上所述的创业环境是如此重要，毫无疑问将创业环境一直扶持下去使高校的创业者成功率相继上升。

第五节 中国高校创新创业教育的发展策略

进入 21 世纪以来，经济社会发展的主流是创新、创造、创业，因此许多国家鼓励开展创业活动和创业经济，这是必然之路是一个国家政策的取向，当然中国也不例外。创业型经济对创业者也是有一定的要求必须具备高素质全能型的人才，毕竟这是一种重要复杂且新型的发展方式。所以为了打下坚实的创业型经济基础，创业教育需要全方位的开展，创业型人才应该大规模的培养。当前的关键是创新创业教育的发展策略，有效的促使我国创业型经济快速发展有着重要意义。

一、树立以创业教育为核心的教育理念

当前我国是经济大国必须大量的塑造创业型人才，将精英转变为大众化路线，这也是对高等院校的严格要求。对于高校而言，我们将死板的理论书面知识的就业教育转变为新型的创业教育，调整院校的思想工作是必然的，把创业教育和创业素质作为一项重点改革对象，常言道：以人为本，将创业教育作为中心理念。就是因为现在的中国不同以往的旧社会，我们需要彻底革新，将就业、择业教育转变为创新、创业教育。大学就是一个极为妥当的场所，为学生们创造良好的氛围是培养创造创业性人才的港湾，为大学生今后学会创业，独立谋生，

在社会上多一个选择。加强教师对创业教育的认知度，高校必须适应当下的时代，为使社会更加飞速前进，高校老师必须认识到这一点，全面配合上级领导大力培养创业型人才更上时代的步伐。在创业的道路上，大学生难免会有些担忧和恐惧，并且大多数学生会选择逃避于依赖性的工资形式，高校为了消除其困扰，必须从学生的观念中出发从而对他们实施创业教育，使他们知道创新创业型人才不仅拥有创业精神而且还有创业能力，在不同高度上，拥有坚韧的冒险精神及开拓意识，同时还要了解到创业是这个时代的重心具有紧迫性和重要性。把创业教育的多样性展现给大学生，让他们更精确地认识到"择业"其实就是自主创业的另一条大道，打开他们的思维，帮助他们清晰地认识到不管是简单、复杂的劳动还是脑力、体力的劳动，只要是创造出新事情就称得上是创业，通过这种方式，促使学生们积极主动地加入院校实施创业教育，还可使自己成为多型性人才既会求职又会创造岗位。

二、建设优质的大学生创业教育资源

大学生创业教育最核心的是创业教育课程。众多高等院校在探讨研究的基础上，准备把教育课程增加到教学课程中，其中涉及到通识类、技能类、实践类等。在课程设计上，必须持有严谨态度，注重课上课下的结合，选修课与必修课的糅合，年级之间的衔接，理论知识与实践活动的协调等等。

在创业能力实践的过程中，为了更好的锤炼大学生，各高校一直以来在不断地创建各种创业基地。接下来通过几方面讲述，其一，让学生们亲自参与实验，更清楚透彻地了解科研前沿及成果；其二，为学生成立实践基地，利用一切可利用的资源创建科技服务、家教服务中心等地；其三，为大学生提供场所自办公司，建立科技创业园，免房租水电等费用的扶持；其四，高校携手各大企业合作创立校外实践基地，增加学生的实习场所利用创业的新项目开展和实践。①

三、推进创业教育组织建设

作为创业教育的催化剂，制度化的组织形式能够推进创业教育一直更好的进行下去。高等院校必须做到几点，其一，设立创业小组，政策的颁布及措施的推进；其二，建立管理机构，专门负责督促指导院校的专业教育和创业教育的实施；其三，抓紧本院校教学单位，并进行普及创业教育工作；其四，组建创业教育活动的教师和学生并以此为载体顺利进行创业教育活动；其五，让团委会、学生会等定期举办有关创业的各种各样的论坛、组织各种创业辩论大赛、组建俱乐部、组织学术报告等交流会，更好地带动师生在创业教育过程中健康成长，有效地吸引更多的师生参与进来。

四、实施具有创业教育特色的人才培养模式

从长远来看，创业教育必须着实两大部分，即基础理论知识和人才的培养。所以要使我国的高等院校中出现人才济济有能力有创业意识的大学生，其一，目标必须准确，将准备就业的学生经过培养使其走向创业这条路线，从而实现大批量的创业型人才。其二，我国加大力度倡导高等院校普及创业相关的教学课程体系及结构，高等院校应积极回应全力配合实施教学方案、课间相关实践活动等创业教育体系，将就业课程和创业教育更完美的柔和在一起，更快地可以使学生们的这一意识

---

① 叶映华. 大学生创业政策的困境及其转型［J］. 北京：教育发展研究，2011（1）：34—38.

转变过来，重点是我们需要根据不同专业铺设不一样的教育方案，从而实现多元化的创业体系。并且高校应与各界有创业实践经验人士共同研究将此方案顺利开展下去，为创业者提供完美的教育课程及实践平台，为学生们提供良好的实践环境，从而实现理论知识到实践的完美转变，进而使学生们打好扎实的基础拥有专业的知识和具备一定的能力，更好的运用到实践中去。其三，选择适合各类型创业者的恰当方案，注重培养方式，具体地说就是选择有效的创业教育手段运用到不同类的创业者本身，然后依据创业者自身所具备的素养和知识能力来制定和实施一系列的教学方案。

五、营造浓厚的校园创业文化环境

创业文化的核心内容是鼓励人们去创造崇尚和财富的追求，它并非单一的指文化水平或者个人的修养，她是属于一种文化力，是与社会氛围和思想理念相匹配的，它是由两方面概括即观念文化和制度文化。为此，创业教育在各高校开展过程中，一是为了彰显创业教育的思想，培育大学生教学理念及一些宣传指导思想，促使创业教育给高校带来新的浪潮，为学生创办新的环境氛围；二是实施制度文化建设，通过制度建设，规范创新创业教育过程中出现的一些弊端，从而保障创新创业教育工作的顺利进行，并使政策、组织、制度等培养方案得以落实。三是大学物质文化建设。学校文化建设通常以学校的文化设施、学校校徽、学校的环境为载体，通过一些有关创业人士的宣传画廊、写有创业标语的条幅以及有关创业的人文景观，营造出一种创业环境和文化氛围。四是大学行为文化建设。通过校内的工作作风、校风、学风，引导学生参与到创新创业的"潮流"中来，形成一种想创业和敢创业的行为文化。

第四章　高校创新创业教育具体手段

高校创新、创业教育这项工作是一项艰巨复杂庞大的事业，通过各个方面的努力工作，才能全面提升工作的质量。各大学校之所以要积极开展创业教育工作，就是为了能够让学生在创业这一领域的素质得到提高，而提高学生的创业素质是通过广大的的教育工作者的共同努力。因此，提高创业者的素质十分重要。笔者认为，创业者需要具备马克思主义哲学素养，专业的政治理论水平，正确的创业理念，规范的创业方法，过强的创新能力和准确的创业决策能力。其中第一个哲学素养和政治理论水平是高校学生思想政治理论必修课所涉及的内容，因此，在本章的内容中，将具体分析创业者的相关素质，比如创新及其他角度的创业所需要用到的教育内容等，分析创业者创新能力提升对策。

第一节　创新创业者的创业观念教育培养

创业者创业观念教育是一个十分重要但却容易被人们忽视的话题，因为表面看起来这项工作与具体的创业活动无关。然而，如果一个创业者理想不坚定、创业意识混沌、创业三观不正，即便在经济指标上取得成功，也不一定会回馈社会，这样，就很难说是创业教育的成功。因此，创业理想、创业意识、创业观念教育不容忽视。一个有社会责任感的创业教育工作者，在教学活动开始前要认真研究创业理想、创业意识、创业观念的本质及其相关问题。

一、创业观念的重要性

对大学生的创业教育过程中，关于理想的教育和培养往往容易被忽视，但是这个理想是最重要。因为只有大学生自身对创业创新有认知和学习的欲望，才能够真正的从内心深处去热爱这项事业。通过这种内在的自我激励，才能从本质上培养出真正具有创业品德和素质的大学生。也只有通过自身的理想教育，才能在团队合作上最大程度的发挥作用。人之所以是高级动物，就是因为人类有自我的想法，有自己的精神世界，人有理想。如果没有理想，那么人类就不会对未来事物进行预测和判断，也就不会在物质生活和精神生活两个方面都得到发展。人格和人性都将停滞不前，没有魅力。人类的精神世界是生活必须品，不同于动物，动物没有理想，所以动物落后与人类。由此可见，理想对人类的进步有着巨大的影响。

理想有很多种，有的高大，有的渺小。有的理想是不切实际的，有的理想是有一定现实基础的。从指向上区分理想，分为社会，群体和个人三个方面。从距离上划分，可以分成长远，中期和近期三方面。还可以从形成的途径来区分，比如自觉理想和自发理想。而所有的理想都有高低上下的级别。每个人都有自己的理想，宗教教徒也有理想，普罗大众都有理想。但是理想各有不同。尽管不同，但是都在为了自己的理想而努力。

尽管创业教育工作是在现实的基础之上作出的方案和方向，但是最终的目的是为了让大学生有一个内心的深刻地创业理想，所以创业教育工作和理想是站在统一战线上，有着无法分开的关联。创业教育通过对现实的分析计划，向着创业理想的方向不断努力培养大学生，最终使大学生成为一个有理想、有责任感的创业者。由此可见，大学生的理想和境界高度如何，是创业教育能否顺利进行并达标的重点所在。①

由上可见理想对于大学生创业教育的培养具有很大的激励作用，所以理想作为最终的教育培养目标，责任重大。理想在大学生的教育培养方面，具有以下两方面的鼓励作用。

第一，大学生通过理想的教育，可以让大学生具备更加完善的，规范的，自觉性的创业信念。这可以让大学生通过这一自发形成的创业信念在他体内一直存在，使得创业理念在他心里根深蒂固。创业教育者在创业教育工作中，应当首先对大学生进行创业者理想教育，这样才能够激发大学生创业的欲望，让大学生通过创业这一理想的追求，付诸实践，真正成为创业者。并未创业事业努力奋斗。虽然这项工作实行起来有一定的难度，但是只要坚持，持之以恒，运用正确得当的方法，就可以将大学生培养成理想的创业者。通过理想的教育培养，得到的创业工作者是别的培养方法无法比较的。因为这样的创业工作者已经将创业理想扎根心中，时刻激励自己，发自内心寻求创业出路，具有自身对创业事业的主动性，一定会在创业道路上不断前进的。

第二，创业教育培养的最终目的是达到社会理想教育，社会理想教育达标了，才能真正促进社会的进步与发展，这就需要创业者具有舍小顾大的理念。如果脱离最终目的，没有达到社会理想教育，那创业教育的培养也就失去了意义，没有价

---

① 徐小洲，梅伟惠，倪好．大学生创业困境与制度创新［J］．北京：高等教育研究，2015（1）：45—48.

值。通俗的讲，现实还未达到的理想的社会，就是内容上的社会理想。比如农民希望的耕者有其田的私有社会，又比如无产阶级的所期待的共产主义公有制社会。而从形式上来说，是大众普遍向往的社会状态，这种理想属于大多数人的，有共同的方向的。但是人和人的信念是不同的，在理想形成过程中，很多人或者团体，由于受到利益的诱惑，权利的驱使等各种主客观原因，导致理想偏离正道，走向了自私小众的道路，这就需要我们提高自身的素质，用长远的发展的眼光看待问题，以大局为重，舍小家为大家，先有国才有家。只有具备这种高素质，才能帮助社会前进。对大学生的创业教育也是如此，只要全面考虑问题，无私热爱社会国家，才能真正实现社会理想。才可能投身公益创业、社会创业或在商业创业成功后热心公益、回馈人类。

二、创业意识

创业意识是社会意识的一种，一切创业活动无一不是在创业意识的耐心正确带领下进行的。在创业过程中，创业意识必须有正确的指引，创业才有可能会成功。因此，研究创业意识是我们深入考察创业发生的关键，也是对历史唯物主义社会意识论必要的补充。

（一）意识和创业意识

所谓意识，指人的大脑看到客观事物之后做出的主观反映。随着社会的发展，意识细化为道德，政治，信仰等各种社会意识形态。所有细化的分类一起构成了社会意识理论。

但是，有没有创业的意识会怎么样呢？如果脱离了创业意识，那将怎样理解创业过程中的意识现象呢？有了创业意识，又该怎么划分它的类别呢？

当下的马克思主义哲学原理著作没有将创业意识作为一种社会意识形态提出来加以研究。创业的相关著作虽然经常涉及创业中的各类意识现象和创业观念，也未明确地以创业意识相称并对之进行系统考察。

意识所对应的是所有的人们产生的精神现象，属于精神领域。不是物质世界，但又是通过物质世界产生的。那么创业活动既然是一种物质世界的活动，那么就会有通过这种活动而产生的精神现象，通过这种精神现象来指引活动的正确开展方向。

通过以上分析，能不能认为源于创业实践又反过来影响、指导创业实践的意识就等于创业意识呢？答案是不能。这是因为，第一，创业实践同人类大多数一般实践虽然在逻辑上可以区分开来，但在事实上却难以分开。所以，从根源上看，各种社会意识形态包括创业意识同出一源，这个源就是社会实践，它既包括改造自然、改造社会的实践，也包括以具体组织目标体现的创业实践。从起源来区分创业意识和别的社会意识形态，显然机械地割裂了创业同实践的有机联系，并不科学；第二，同样的道理，也不能笼统认为凡是能够对创业活动进行了指引并产生影响的社会精神现象都称作为创业意识。尽管这种社会意识对创业活动有反作用，但哪种社会意识形态又不对创业实践发生影响或反作用呢？作为世界观理论体系的哲学不对创业发生作用吗？离开了科学技术能进行创业吗？法律、道德不是作为人们的行为规范对人们创业进行约束和规范吗？就是艺术，有时也可能参与到创业实践中去。可见，凡是社会意识都对创业实践发生不同方向和不同程度的反作用，都以其特定的方式影响创业实践。以是否影响、指导创业实践来区别创业意识和非创业意识也是不科学的，这样做势必会抹杀整个社会意识对创业实践的能动作用。

那么，究竟什么是创业的意识形态呢？它和其他社会意识又有什么不同呢？这两个问题的答案，需要从创业意识的形成，作用和特点三个方面进行解答。

第一，创业意识属于社会意识范畴，所以它是以社会实践活动为基础的，那么它就是在人们接触自然，改造自然、改造社会的实践中产生的。但是，培植创业意识的最切近的基础不是一般的社会实践而是人们的创业实践，创业意识只能在创业活动的过程中产生，而是在人们改造自然和社会的活动中产生的。也就意味着，虽然创业实践离不开社会一般实践，创业的意识形态和另外的社会意识有着密不可分的关系，但是它和其他意识是不一样的。因此，创业意识是对创业实践的直接反映。脱离创业实践的人，是无法形成创业意识的。

第一，在创业的实际活动过程中，无论哪种意识形态，都发挥了它自身的作用。离开任何一种社会意识形态，人们的创业活动甚至改建自然社会的活动都是无法继续进行的。尽管离不开社会意识的共同作用，但是各种意识形态的作用也是完全不同的。例如自然科学作用于改造自然活动方面，政治法律用于指导人们如何改造社会。而宗教就用于改造人们思想方面。而创业意识和其他意识不一样，它不是直接作用于实践活动，而是作用于领导，指引，改进实践活动。

第二，创业实践是创业主体对创业客体的对象性活动，是创业者的能动性活动。因此，创业意识主要是创业者的意识，不是或主要不是雇员的意识。人们只有作为一个创业者的角色进入现实的创业环境当中去，才能真切实际的拥有创业的意念，进而形成创业意识。但是就算没有真正进入创业环境中去，对于只是参与进去的大部分人而言，他们会产生自己对于创业的个人的想法和观点，并会对创业进行自己的思考。不过由于没有真正置于创业领域，所以他们尽管产生了想法，也是不完善，不规范，不系统的。也正是因为如此，我们才认定创业意识相对于其他社会意识是不同的，是主要针对创业人员而产生的，是创业实践者所拥有的创业意识。

综上所述，我们可以把创业者在创业的实际活动中产生的思想，并且能够指引，带动创业活动有效进行的理念和方法一并视为创业的意识形态。

创业意识之所以能够脱离社会意识形态范畴，单独存在，是因为它有着和其他社会意识形态完全不同的几个要点，主要表现为以下几个方面。

首先，普遍性。社会意识的各类形式都具有一定的普遍性。而创业意识则与人类创业活动紧密相连，普遍存在于社会各类实践领域，具有普遍性。创业意识随着有组织的人类创业活动的出现而产生，随着它的发展而变化并适应，与社会发展变化是同步的。其他社会意识主要针对特定社会活动而存在，而创业意识却普遍存在于各个领域，没有特定性，是普遍性的。不同于科学，科学只存在于有关科学活动的范围里，而创业意识确实广泛的存在并发展于各个活动范围。足以见证创业意识的普遍性。

其次，社会意识具有综合性特点。社会意识通过对客观事物的反应作出的主观判断，一定意义上具有归纳总结的特点，但是归纳的程度又是不一样的。这些社会意识里面，具有最高度的归纳总结的特点的意识是哲学这一概念。虽然宗教也属于一个世界观，但是却缺乏科学性。而道德也只是在人们的接触行为中进行概括总结。政治法律对于综合概括的范围更加狭小，只存在于政治法理方面。艺术更加抽象，概括的内容和范围更加具有局限性。由此可见，其他的社会意识形态对于综合性这一特点表现得并不明确。范围比较狭小。创业意识则不然，它要对各类实践活动进行计划、组织和控制，就必须综合运用多学科知识。以生产型企业创业为例，创业者不仅要了解企业生产经营的一般过程，需要掌握有关的科学知识；还要了解人，需要了解一系列涉及人的生理、心理、伦理、信仰、价值观念、行为规律的知识。不仅要审时度势、发现问题、及时作出战略决策，需要运用哲学、政治学、法律学；为保证决策能顺利实施，还需要运用诸如数学、统计学、会计学、审计学等知识来制定计划和对计划实行控制。可见，创业不仅要用到非常广泛的知识面，它的意识更是广泛知识的高度概口总结。在众多意识形态当中，假如将哲学列为对所有科学知识的最高的归纳总结，那么创业意识则是对各门知识广泛的综合吸收和综合运用。[①]

最后一个就是创业意识的应用性。社会意识形态的存在，既可以给社会实践活动指引的正确发展方向，又能给社会实践活动带来一定的作用影响。各种意识形态都对实践活动具有一定的应用性。只是有的意识的应用性比较强，有的比较弱。像

---

① 方伟. 高等创业教育的现状、问题及发展对策［J］. 太原：现代教育管理，2013（7）：95—96.

哲学和宗教这样的意识对于现实社会的距离比较远，所以应用的少，而科学可以广泛应用，离现实社会比较近，所以它的应用性比较强。而创业意识作为一种独立意识形态存在，既有广泛的应用性，又有着高度的综合性，是一种特殊的社会意识。创业意识是在创业实践中产生并直接服务于创业实践的意识形态，创业活动需要的不是模糊不清的概念，而是在创业者的不断判断修正后可以立即作用于创业过程的具体意识。也就是说，创业离不开其他社会意识形态，从其他社会意识形态里取长补短，同时又不能直接运用这些社会意识去创业。而必须通过创业者的过滤加工，选择综合，转换成可以直接用于指导创业活动的创业的意识形态，这样才能使创业意识直接应用到创业活动中去。从此可以看出，创业意识是连接其他社会意识由模糊概念到具体细化的社会意识的桥梁。使得社会意识从抽象方面转向了具体方面。如果看不到这种特点，以为任何社会意识都可以直接运用于创业，其结果必然是目标模糊、计划抽象，使创业者无所作为。同理．如果指令不清、控制随意，雇员也无所适从。

（二）　创业意识的形式

对创业意识形态的纵向划分上来看，可以将其归为创业再心理，观念，理论和创业决策四种相互联系又彼此区别的表现形态。创业决策是创业意识中实际操作性最强的表现形式，本书将在后文结合 KAB 课程教学进行分析；创业理论与创业的教学内容密切相关，在此不再次展开；下面重点分析前两种意识表现形式。

在创业实践中最初形成的创业心理是第一个创业意识，它主要包括人的心理情绪，心理状态，如意志，信仰等。创业需要是由创业者的内心真实想法和内心的理想目标引起的，像人在其他方面的需要一样，在心理上有着强烈的创业欲望，但又不知道如何具体实施，没有头绪，这就属于创业需要在心理上的表现阶段。创业者主要受较长期思考形成的潜化意识的支配，本能地生发出多种创业欲望。事实上，这种心理活动不能用生物学来加以解释，它与人们由生理本能产生的生存需要和安全需要不同。大量的创业经验也证明，长期参与商业活动、拥有了更方面的创业经验。像条件反射一样，创业行为就会像条件反射一样，会不自主的在创业者身上产生。可以说，这类人只要处在创业者地位（有时甚至不处在创业者地位）自然而然地就会有这种冲动。

创业的目的和创业的方向可以确定创业的需要。这种需要是不断变化的，因为它是创业者的内心想法，一旦想法改变，需要也会发生变化。心理活动不断变化，需要也一直在变，想要这种现象停下来，就需要在外在环境上面做选择。创业者既然有了内心的需要，就会想办法通过各种外部条件来创造将需要付诸实践的环境。

如果创造者在采纳外部条件的过程中，被一个关键点吸引住，不再变化的时候，就说明创造者遇到了瓶颈。这个时候，创业者内心的起伏就会慢慢平息，将注意力集中到这个瓶颈问题上面，这时就使需要具有特定的方向和目的，创业心理就会稳定下来，不再随意变化。因为它有了目的性。有了解决问题的想法和目的，创业者就会在这个方向上努力前行，越走越远。但是选择大于努力，如果选错了方向，创业者也会徒劳无功。创业者就会走偏方向而使创业实践成为不可能。

创业者是具有感情的感性的人类。通过人们之间的相互接触，产生了人们之间的不同的心理感受，主要表现在对人的崇拜，怜爱，憎恨等各个方面。

在创业实践活动中，无论是创业者或雇员，都是具有感情的，在任何创业活动中，都有人的情感存在，有的时候，个人情感会破坏创业活动，有的时候，情感也会带动创业活动更好地开展，所以，情感对创业的影响也是不容小觑的。尽管情感可能对创业活动没有帮助，但是它对创业也有助益。在创业者之间，多一些情感就少一分摩擦，情感在这里是创业团队的黏合剂，具有无可取代的凝聚力。在创业者和雇员相处过程中，良好的情感沟通可以打开领导与员工之间的心扉，让员工和领导之间真诚相待，领导以此来带动员工的情绪，更好的管理员工。员工也能通过情感的流露更好的理解领导，更好的工作，这种情感的沟通不仅能团结公司员工，更能通过团结的力量促使公司蓬勃发展。反之，没有情感的创业者会是个单独作战的人，没有支持与帮助，没有理解与团结。那么在创业道路上必然困难重重。所以说，人的情感对于创业者至关重要，是创业者不可或缺的心理，创业道路任重而道远，有了良好的情感沟通，才能顺利开展下去。

还有一种心理活动叫做情绪，它有别于情感。情感是一种外在表现形式的心理活动，是一种长期与人接触产生的感情和关系。而情绪是对环境，人物，事件等外在因素做出的内在表现形式的反映。是一种想法或者内心状态。如人们经常提到的喜怒哀乐。通常在人们的创业活动过程中，不论是创业者还是雇员，常常会受环境的刺激而引起心理情绪的波动。情感对于创业来讲，有很多优势，但是情绪却不是这样，情绪往往会给创业带来坏的影响。原因是：情绪感情激发出来的，带有感情色彩，并不是理性的。很容易做出冲动甚至错误的决定。尽管好的情绪可以带动工作的积极开展，但是一旦被不理性的情绪控制，就会给创业带来巨大的破坏。如果一味地受情绪的控制，随意的被情绪左右行为和想法，最终会使创业者变成情绪的奴隶，使创业归于失败。可见，创业者不可无情，但这个情是指情感而非情绪，情绪型的人是不宜充当创业者的。作为一个创业者，要有对情绪的自控能力，有自制力才有权利。遇到任何问题都应该冷静对待，理性思考，做出正确的判断和决定。尽管控制情绪是不容易的事情，但是只要长期坚持，慢慢培养和学习控制情绪的方法，就会得到成效。

意志，信仰，习惯也是创业心理的表现形式。具有明确的坚定的奋斗目标的心理就是意志。对某种事物的高度相信，崇拜和服从就是信仰。习以为常的行为或者想法就是习惯。创业者都具备很强的创业意志，只有这样才能更好的达到创业目标。以下三点是创业意志的特点：目的性，果敢性和坚韧性。在创业实践中，创业的意志是非常重要的，也是非常具有正能量的。只有意志坚定，才能使创业者乘风破浪，继续前行，否则遇到困难就退缩，意志力薄弱，就无法达到创业的最终目标。不过光有坚定的意志力也是不够的，因为如果选择了错误的方向，即使达到了目的地，方向错误，创业也就毫无意义了。只有在正确方向的指引下，坚定信心，不怕困难，勇往直前，才能在正确的创业道路上越走越远，最终获得胜利。由此可见，意志在创业中虽很重要，不过应使它理性化。创业如果只依靠顽强的意志而没有理性的判断和指引，也将徒劳无获，也必将失去它的特有特性。

信仰原本定义是指一种宗教感情，是对神的崇拜和相信，是宗教的最高境界，即对神明完全的信任和服从。但是到了现代社会，当然不能提倡宗教信仰，而应提倡科学和唯物论。不过，又不可没有信仰。这里的信仰不应解释为迷信和盲从，而应解释为对未来目标执着地追求和坚定的信念。从这种意义上看，大至一个民族，小至一个群众团体或企业组织，都应当有自己的信仰。没有信仰这种牢固的心理惯性来约束人们多变的思想，就是离心离德、没有希望的组织。

经验是形成习惯的必要条件。多次实践产生的经验成为了人们做下一个类似事情思考的关键因素，通过多方经验积累，做事情就有了固定的思维模式。就成为习惯。而人们用习惯来做的事情都是基于经验而缺少理性判断的。因为经验作为习惯思考的基础，使两者有着难以分辨的相同之处。通过创业者的不断尝试和实践，在这过程中会无形的形成创业者自己理解和掌握的经验和习惯，其中产生的意识形态被称为习惯心理。尽管这种心理或许缺乏理性，但是却真实的在实践过程中起到了很大的作用，很多时候创业者都是根据自己的习惯或者经验来解决不同的困难，如果没有创业者长期积累的经验或习惯，可能很多时候很多事情很多困难都无法解决无法进行下去。而且，有了大量的丰富的经验和习惯，才能更好的学习和掌握新的创业知识和理念，并将二者更好的付诸实践。由此可见，创业经验的积累和创业习惯对于创业者来说是十分必要的财富。但是，不是所有的创业习惯都是有利的，因为创业习惯是对以往经验的积累形成的，没有发展性和变化性。而一切事物都是在不断变化的，固有的方法和思想缺乏创新，会禁锢创业者的创业思维，没有开拓性。有了习惯和经验的制约，创业者往往会不劳而获，不会再去深入开采研发新的方法。传统的模式尽管有他的优势，但是也有劣势。另外，过多依赖经验习惯，会停留在以往的创业模式，拖延了创业发展速度，不利于创业的更新换代。更加驾驭不了多变的创业环境。

上述所有的创业心理统称为创业观念。观念本来是意识的意思，但本文里我们所说的观念单指感性经验和理性因素相融合的看法或观点。洛克认为，观念来自感觉和反省。莱布尼兹主张观念是人的一种倾向、禀赋、习性或潜能。从心理学来讲，观念就是表象的意思。而从马克思主义所讲的观念来看，观念同实践相互作用的具有目的性的社会意识形态。创业心理和理论之间的所有关于创业的根本观点属于创业意识，这一根本观点被称为创业观念。包括以下各个方面，如团队意识，创业决策观等。由以上种种创业心理和创业观念进行比较不难发现，创业观念既有情感的发挥又有理性的介入，既有对传统的发扬还有对后期的创新。而且具有稳定性持久性。相比于其他创业心理而言，更能够对事物进行透彻的理解。也正是由于创业理论的这些优势，使创业观念在创业活动中的地位特别突出，它渗透进了领导者和员工的创业意识里面，从本质上带动或指引着他们的行为。①

创业理论属于创业意识的第三种形态。它属于创业意识在理性和逻辑方面的体现。不同于创业心理和创业观念的特点，它有它自身的特点：首先，它反映的不再是创业活动本身的表面现象，而是透过现象看到了本质和内在关联。在本质上更具有深刻渗透性。其次，和创也观念一样，同样具有稳定和持久的特性。最后，它是对创业实践的抽象概括，具有抽象性和普遍性。可见，创业理论是更高级的创业意识。创业者如果仅凭创业心理或创业观念去指导创业实践活动的话，也只能在最后得到大量的经验和习惯，而不会对创业事业作出更深度的推广和更大的创新贡献。只有通过对创业理论的系统的规范的学习和开发研究，才能丰富自己的创业知识，在创业道路上走得更远，成为新时代创新的更有价值的创业者。当然，正像一切理论一样，创业理论也有它的局限性，这主要表现为任何创业理论只能是对创业实践活动进行单一的单层的反映对象，并且成效也是模糊的，不具备精确性的。并且，创业理论只是一个理论，只能指引或展现方式方法，无法真正的付诸实践，想要付诸实践还要通过其他的介质才能完成。那就需要将这种理论变成创业方法。

所谓创业方法，是各类创业的意识进行细分，规范，进行应用的方式和形式。主要分为以下几种方法：数学，伦理，心理等方法。

综上所述，创业的意识形态从时间上来划分，分别为刚刚发生时的的创业心理，而后发展成的创业观念和更加深度的创业理论以及用以付诸实践的创业方法。

---

① 朱晓芸，梅伟惠，杨潮. 高校创业教育师资队伍建设的困境与策略［J］. 北京：中国高教研究，2012（9）：82—85.

三、创业观念

要深入研究创业意识在创业过程中的关键性领导者的作用，还需要对创业观念中的人性，价值和效益三方面进行更加深度的探讨和研究。因为着三大观念是创业观念各要素中最重要最具有影响力的观念，从本质上决定了创业者的基本观念。

（一）创业人性观

如前所述，创业的核心问题是人不是物。创业者着手创业时碰到的第一个问题便是：什么是人？由于对人的理解或对人性的看法各有不同，于是就形成形形色色的人性观念。而人性观念上的种种差异，又带来创业目的、创业方法和创业模式的区别。

中国古代学者就对人性问题进行了相当深入的专门研讨，形成了"性善论"和"性恶论"两大对立的派别。以孟子为代表的性善论者认为，人之异于禽兽，不在于"食、色"等生物本能，而在于先天具有与人为善的道德理念。培育弘扬人性中已有的各种"善端"，则扩充为"仁、义、礼、智、信"这五种道德。以荀子为代表的"性恶论"则认为，人的本性并不是善的，恰恰相反，饮食男女、趋利避害、嫉妒强者、残害同类等恶劣兽性才是人的本能。

随着西欧资产阶级的崛起，近代思想史上涌动着反对封建伦理和宗教神学的人性论思潮。早期的资产阶级人性论认为，人是理性的动物，生而平等自由，完全不应依赖上帝的恩赐。相反，人要自己主宰自己，使人成其为人，就必须冲决神学罗网，从传统的迷信、屈从、驯服、愚昧和无所作为中摆脱出来，建立平等、自由、博爱的人道社会。大致从 21 世纪初叶开始，随着劳资关系的激化，迫使一批学者重新考察人和认识人。由于对人性的理解不同，相应地出现了不同的创业理论。

泰罗、法约尔等古典创业学家认为，人是经济运动和物质利益的主体。这即是说，将若干不同成员联系起来的纽带不是强权也不是激情，不是宗教也不是伦理，而只是共同的经济目标和各人从中所获得的一部分经济报酬。按照上述理论，创业活动中的人是经济化了的"经济人"，人人都为金钱而奔波，"金钱是刺激职工生产的唯一因素"，创业就在于如何通过合理的组织计划活动或最经济省时的操作程序谋求最大的经济效益。

所谓社会人的思想，历史本很久远，但形成理论，则始于美国梅奥等人的关于人性剖析的"霍桑实验"。霍桑是芝加哥的一个电气工厂，美国科学院在这个工厂里，为了研究工作条件与生产效率的关系，进行了长达 8 年（1924—1932）的实验，即"霍桑实验"。实验的结果表明，在正规的团队里面，能够带动工人生产积极性的不是工资多少也不是福利待遇的高低，而是工人在工厂里面是否享有良好的工作环境，是否具有良好的工作心态，是否受到他人的尊重于平等对待。是工人的情绪情感牵动着生产效率的高低。这个实验的意义在于用事实否定了传统"经济人"观点的片面性，将人重新定义为有想法，有理想，有信念，有情感有交往沟通需求的社会动物。

行为学派对人性的看法，主要体现在麦格雷戈的"X—Y理论"。他认为，如果按照X理论来定义人性，人的本性就全都是片面的，消极的，负面的，像自私自利，没有担当，没有理想。而如果讲人性以Y理论来设定，人的本性就全都是正面的，积极向上的，比如敢于承担，热爱生活，有自控力等。只有按照Y理论来对人性进行分析管理，才能使人性得到正确的发展方向。如果一味地按照X理论来发掘人性，那么人性必然是传统不变的，没有创新的，朝着不被看好的方向发展。

洛斯奇和摩尔斯提出的"超Y理论"对"X—Y理论"进行了修正。在这一理论里，讲人性重新定义，认为确定人性的研究进行假设而必须通过实验；对于人性的好坏也不能作出绝对性的论断，毕竟人性是受外界环境的影响而不断改变的。他们在工厂和研究所分别所做的实验证明，X理论对工厂工人有效而Y理论对研究所有效，这说明工人同研究人员有不同的人性。另外，同一个人的社会责任感也是一直在变化的，因为人会受到外在条件的诱惑和感染，一旦达到期望值，就不会再继续付出努力，慢慢懈怠。行为学派中成就最大、人数最多的是前文提到的以马斯洛五层次理论为代表的需要层次论。

通过以上当代管理学者对人性的研究可以看出，作为雇员的人绝不是仅仅为生存而奔波的"经济人"，而是具有多种需要、多种个性、存在于复杂人际关系当中并富有主动创造性和反抗性的"社会人"。因此，要搞好创业，关键在于管好人。而要管好人，又必须深入了解人的心理活动和行为规律，激励他们的自觉性和创造性。

（二）创业价值观

在哲学理论里面，对于价值的定义是比较广义的，一切具有客体和主体关系的范畴，都可以称之为价值。通俗的讲，就是对主体有作用的，就有价值，反之没有用的就是无价值。价值按其客体满足主体的属性，可划分为功用价值、道德价值和审美价值三类。功用价值相当于马克思所说的物的使用价值；道德价值是指人的德行对于他人的精神感召和对社会的积极影响；审美价值是指主体所创造的对象反过来给予创造者的愉悦感，是人对人类自由本质的确证和审视。无论哪类价值，都反映了主体需要和客体功能的肯定关系，都是主体对他所创造的客体的认同或评价。

人们在不断实践过程中，对事物和事件产生的看法或观点，就是人们的价值观。人们在实践中形成的价值观分为两大类：一个是对客观现象的本质的深层的逻辑上的看法，还有一个就是客观现象价值的大小和有无的看法。在国外分别被称为事实真理和价值真理。事实观念主要侧重于事物本身的问题，而价值观念主要侧重于事物本身多带来的影响方面。人类在实践过程中产生了各种价值观，每种观念都是由这两大类组成的。就像哲学世界观一样，它不但有事物价值，即世界的本身和世界的发展规律。还有它的价值观念，即现存世界的存在价值，以及未来世界的期许。人生观亦如此：它既包括对人生本质规律的理性探索，又饱含对现世的主观感受和对理想人生的追求。这就告诉我们，人们的观念既不可能是对客观事物的机械反映，其中必然渗透着人的意向目的、定向选择和主观评价；又不可能是纯粹主观任意的，它必以客观事物为对象，以事实为基础。因此，事实观念和价值观念是互为条件的辩证关系。人们为了研究问题的方便，可以而且必须将二者分开来看，但在事实上，二者是分不开的，任何具体的观念系统都是由二者有机组成的。

究竟什么是创业价值观？创业价值观同一般价值观又有什么区别、大致包括哪些内容和具有哪些基本功能？笔者认为，所谓创业价值观是创业者对于创业的意义和评价标准作出的观点的统一名称，它是创业者在创业过程中，通过实践结合理论，对创业涉及的方方面面进行客观准确的判断与分析，从而作出各种内心的创业观念的总和。说它是创业主体的价值观，并不意味着创业系统中作为创业客体的人没有价值观，因为创业是创业主体作用于创业客体的特殊实践或主体性活动，因而创业价值观是指导创业主体的观念而有别于创业客体的价值观念。当然，在研究创业的价值观念时，不能也不应回避雇员的价值观念，因为凡是人都有自己特定的价值原则和价值判断。不过，创业过程实际上是用创业者的价值观同化雇员价值观的复杂思想过程，或者说是主体价值观和客体价值观之间的求同过程，因此，又可以将创业价值观规定为创业中占主导地位的创业主体的价值观念。

创业是在社会环境中进行展开的，所以创业系统离不开对环境的了解和适应。只有好好把握社会环境并正确利用社会环境，才能让创业正常顺利的进行下去。在和社会环境相融合的过程中，首先要了解社会环境所相对应的物质信息，然后在适应并让创业符合这些信息条件的同时，根据创业的需要进行对信息的删减和利用。然后对这些有用的信息进行价值评价。创业者经过创业实践活动的层层考验，积累大量经验，通过这些经验加上自己的理性判断，能够提升对环境的分辨能力和判断能力。这就无形中产生了创业价值。无论哪个时代的哪个类别的创业，都需要在考量了创业所面临的社会环境之后，给出一定的分析和判断，才能在这个前提下，开始对创业本身进行评估。通过这种先看环境后创业的先后顺序，才能更加完整的了解创业能否在这种环境下顺利的开展。如果想要进行海外创业投资，首先就得了解海外的社会环境，包括国情，国法，国家资源等等和海外项目相关的各种社会环境。然后了解之后对该环境进行分析判断，作出正确的选择。这种对投资环境的分析和选择，就渗透着外国资本家的价值观念。经过分析判断之后，再决定是否要进行创业，如果不适合投资就放弃，如果适合投资但是有风险，或者虽一时有利可图但对该国政局稳定等因素无信心，都可能会放弃投资计划。

创业的价值观形成之后，还要为了创业的发展确定发展的方向，即目标的选择并确立。在对环境进行了判断分析之后，创业者之后要做的就是确定行为目标，而行为目标的确立是以组织的需要和环境为基础的。那么这个目标的选择和确定就要依据两个必要条件来进行筛选，目标的确立是有根据的，不是盲目的。首先目的是能够实现的，如果创业的过程中，没有现实基础去支撑完成这个目的，就算再努力也是白费，不可能达到最终目标，那么这种目标就不存在，是不切实际的。其次，创业的目的应该是创业者或者创业组织所需求的，有意愿的。如果创业者不需要这个目标，即使有现实基础去支撑，也是不应该去做的，因为不需要的目标就是白费力气的，甚至有害于创业者本身。通过这两点我们得出结论，创业者确立行为目标需要两种观念共同达标才可行。目的要有可以实现的可能性，才能让目标转化为现实。同时还要看目标是否是创业者所需要的，如果没有需要的话，目标的确立也是徒劳。综上所述，因为目的是创业者经过实践分析判断之后做出的选择，是基于创业者对环境的价值观的理解产生的。所以，不同的创业者在相同的社会环境里会产生不同的价值观，因为价值观的不同，对目的的选择也是不同的。

创业价值观不仅表现为对环境的体认和创业目的的选择，还体现在对创业过程中创业者团队的表现态度以及对于创业发展状况的未来预测方向。细化说来，这种态度又分为人才观，道义观和时间观等。

我们所说的人才观，是创业者按照自己对于人才价值的标准来选择和使用创业者认为的人才。好的成功的创业者都是伯乐，因为他们会充分利用人才的特长，将其发挥到极致，并且还会四处择用真正的人才，通过人才的不同才华，帮助创业成功。创业者这样做的原因，不仅是他们深深懂得用人之道，还因为他们惜才，爱才，是因为他们自身的人才素质，得以让人才价值观在他们自身身上发光发热。

我们所说的时间观，是指创业者对于时间理解的价值和功能的评价。现代创业者不单单要了解时间可以转变成时机，具有机会价值。还要了解并掌握一定时间内能够带来的工作效率这一价值。做到以上两点才能准确掌握利用时间产生的时机，才能更好的在有限时间里完成高效率工作。

所谓道义观，亦称道德观，是创业者对道德的全面系统的观点。因为不同的创业者有着不同的道德观点，所以在创业活动中，创业者会对其他成员进行道德标准的教育和引导，并会发展成为具有规范性条例性的道德评价标准让其他成员去遵守。在创业过程中道德价值观起着三大重要作用：首先对成员的行为作出评价标准体系，通过这种方式让创业成员自发的发自内心的为创业事业添砖加瓦。然后在对创业成员的行为作出奖惩制度，激发鼓励成员自觉遵守行为规范，使团队组织具有纪律性。最后对成员之间的关系进行调解沟通，让成员之间的关系亲如一家人，具有强大的团队力量。

创业价值观即对最后的创业结果做出的评价以及对之后创业发展道路的期许。创业过程结束以后就会产生相对应的创业结果，如产品、服务等。那么产生的结果是不是创业者最初的理想呢，就需要创业者对结果作出评价，也就是创业价值观。通常情况下，都会对符合初衷的结果给与肯定，反之给予否定评价。但是在实际操作中，评价的人的不同，所产生的结果也是不尽相同的。毕竟结果与初衷不能完美契合，而每个人的评价标准也不一样，所以结果的评价往往具有争议性和分歧。这种对结果的评价过程实际上就是不同评价者之间的价值观念在相互融合与排斥的过程。想要改变这一现象，得到统一的答案，是非常困难的。由于人们价值观的不同，进而产生的对创业未来的期许也是不同的，这种不同的期许，就是我们经常所说的人的目光有远近之分，境界有高低不等。因为创业不断重复出现，不断的深度发展，所以创业价值观念在预测未来的作用上以及对掌握创业主动权方面比起其他的观念更加具有号召力。所以创业者要把重心放在创业价值观上面。综上所述，创业价值观不单单是人们常说的一些观念（比如效益观，或者"企业文化""团体精神"等），而是贯穿在创业各方面以及创业的全部过程里面，它还是所有创业系列的统一，即创业的目的、评价、理想和态度，倾向及意图的总和。因为人们的生活环境，教育程度，兴趣爱好，社会地位各不相同，所以人们的道德观，价值观也是不一样的。为了使创业道路继续前行，我们就要想办法让这些存在差异的价值观念综合起来，想要达到这一目标，仅从个人的价值观念去思考显然是不够的，而应寻找一个组织都可以接受的价值标准，这个标准就是人们常说的效益观念。

（三）创业的效益观念

通过对效率，效果的关系的比较，我国学者创造出了效益这个词语。

这个词是从效率发展而来的，早期属于物理学范畴，后来单指功能转换的比率。例如物理学的热效率，就是指消耗掉的热能，与热能转化后形成的热功之间的比例。比例越大效率越高。与之相反的，比率越小，效率越低。

由效率引申出的概念是经济学中的经济效率或经济效果。经济一词含义丰富，而其中一个含义即投入小、产出多。所以，经济或经济效率的意思与物理当中的效率很相近，指的是生产的使用价值和所耗费的劳力、物资之比率。所耗少而产出多就说明经济效果大，而耗费大产出少则意味着经济效果差。

无论是物理学所说的效率还是经济学上所说的效果，都是人们对物质转换过程中功用价值的客观描述。某台热机的功率是多大，某项生产活动的经济效果如何，是一个客观存在的事实。因此，效率或效果是自然科学或经济科学的概念，与人们对它的主观评价无关，效率的大小或效果的好坏绝不以人们的好恶为转移。

而效益和功率是不一样的，它既包含了切实发生的效率或者经济效果，也包含了对效率或者结果的主观性的评价。通常来讲，对人有价值的效率就是效益。反之没有价值的效率就是无效益或者称为负效益。由此我们得出，效益是具有价值的不同于效果的复杂的科学概念。它既包含人们对于结果的事实判断，又包含了对于结果的价值判断。可谓集"真""善""美"于一身。

创业是一种特例存在的社会实践活动，最终的理想结果就是使创业有所收益。想要调高创业效益，获得更大利益，就需要对效益观进行特殊的专业的研究。为了提高创业效益，应该重点解决效率问题，因为创业这项特殊的社会实践的最终目的就是通过合理的计划、恰当的组织、有效的指挥和及时的调控等方式，实现创业目标。

创业有无效益，首先要看所创业的实践活动的客观效用如何、效率怎样，或者说是否"经济""划算"。如果经济划算，投入少、产出多，就叫有效或提高了效率；如果投入多、产出少，就意味着不经济不划算，或叫无效劳动、"赔本买卖"。显然，无效谈不上效益，效益是以效率为前提的。如果脱离效率谈效益，我们的价值判断就失去了事实标准而流于主观。

效率和效益是不一样的，效益是符合组织目的和社会目的的效用。创业效率的肯定与否也属于创业效益观的范围。因为人与人之间价值观念的不同，对于客观效果的评价标准也是不同的，有的人觉得使有益的效率，有的人觉得就是负效益。所以想要规范的对效益进行评价，是十分必要的。

首先我们要做的，就是要懂得不能通过是否对少数人或组织有益或无益作为创业活动的效益的评价标准，而应该以是否对多数人或组织有益或无益来进行创业活动的效益评价标准。只有对多数人有益才是有效率，反之，对多数人无益的就是无效率或者负效益。

其次，评价某一创业实践活动的效率是否有益，不能单从经济效益着眼，还应考虑它的社会效益、道德效益和精神效益。所谓经济效益，是指对人们物质生活的有益性，它所满足的是人们的物质欲望。但人们除了这种基本的需要外，还有社会的、伦理的、精神的各种高层需要。如果某项创业使人们物欲横流，道德沦丧、精神生活极度空虚，也不能被认为有社会效益。这即是说，判断一个组织的创业实践活动是否有益，不仅要看它的效果是否有益于人们的生理健康，还要看它是否有利于人们的心理健康；不仅要考察人们的物质财富是否增加，还要看人们的道德水平、文化修养、社会责任感是否提高。

再次，判断创业的效益不能只着眼于眼前利益，还应考虑到未来利益。这是因为，地球上的资源有限而非无限，人们对其开发利用不能只顾眼前而不顾子孙后代。掠夺式地开发和暂时的创业模式，都会对地球环境造成破坏，导致的后果是非常严重的，只是一种暂时的获利，而破坏确是永久的，这种破坏行为对于人类和社会的发展都是一种犯罪。创业者如果缺乏这种效益观，即使他可能轰轰烈烈于一时，并受到一部分人的拥戴，但随着时光的流逝和交往范围的扩大，必将受到历史的裁判和民众的唾弃。

人类是社会的主宰者，只有对人类有效率的创业才是真正的有效益的创业。有益的创业结果应该是有利于人类的发展与完善。就像马克思主义认为的一样，人是一切活动的最终目的，而创业的最终目的也是为了人。所以，凡是对于人类的发展与完善有益的创业实践活动就是有益的创业。反过来说，如果创业实践活动的结果是压制人、摧残人、对人的发展有消极影响的，即使这种活动有别的用途，也对社会和人的发展起不到正面的影响。因此，有责任感的创业者应以人为目的，不允许将人当作谋求某种其他效益的单纯的工具。这就要求创业者必须确立崭新的效益观。

可见，创业效益观是一种极其复杂又至关重要的创业观念，它涉及创业中"真""善""美"的统一问题。因此，创业者必须以人为目的、以人为中心，正确处理人与人的关系，提高人的创造性和积极性。

第二节 创新创业的决策能力教育

创业意识不仅表现为前文讨论的心理、观念和理论，在创业实践过程中还集中表现为创业决策。必须对创业决策过程和功能更精准的掌握，学生方能真正将抽象的理论和观念转化为可操作的思想工具，使抽象的理论和观念转化为可操作的思想工具。[①]

一、创业预测

决策的构成体现在一些复杂的超前思维活动，又是创业的重要职能和创业过程的始发点。创业测试是他的首要表现，创业者要想明确创业的目的，制定、选择和计划实现某一目的的行动方案，必须在创业预测基础之上，从而使创业变为可能，考察决策思维的始发点是研究预测。

预测即是人们对曾经积累的经验、理论和一些技巧来揣测事物将来发展前景的分析、论证、推测和预料。创业预测是创业者将以往的工作经验和理论加以参照，来查找相关事务的讯息，进而预测创业系统在未来的发展，以及将来遇到的一些问题、可能发生的一些情况、和之中最可能发生的情况，进而为决策提供相应的基础

预测是人们的一种超前意识，它是伴随认识活动共同出现的，"凡事预则立，不预则废"。正因为人类实践能力以及认识水平的提高，预测才得以在现代有了突飞猛进的结果，近代科学的高速发展是与科学幻想、科学预测密不可分的。譬如门捷列夫运用元素周期表规律对新元素进行预测，马克思、恩格斯关于未来社会主义在社会必然出现的理论，以及列宁对社会主义能够最初在一国胜利提出的结论，还有毛泽东对抗日战征必然会持久战的理论，在此都体现了科学预测的重要性。

二、创业决策

预测作为创业决策过程的起点，其功能在于为创业者提供一幅创业体系在将来发展的模糊远景，指出多种能够猜测到的可能性。进而，非广义的创业决策就是创业者根据自己的需求和可能，选择和指定出对策的一个活动过程。创业预测要解决的是创业的前景，向创业者展现创业组织将面临的种种问题。而创业决策则是针对

---

① 佟丞，张秋山. 高等创业教育发展路径研究［J］. 北京：教育与职业，2014（4）：113—114.

某一与创业有关联的问题的制定跟选择对策的方案，由此拟定，在以后创业活动中的行动原则以及活动方向。

所谓决策就是以发现问题、分析问题、确立目标、研究对策为主的多种思维过程。然而以决策为基础，找出与系统组织未来发展关系密切的哪种或哪个问题，就是发现问题；对某些问题产生的原因，以及导致的后果，而进行分析和研究，就是分析问题；那么通过解释问题找到"实然"以及"应然"之间的差距，明确创业组织以后的方向标，就是创业目标；在以后的工作目的中钻研出多种可观性的方案，在方案之中进行对比论证，从中挑取最好的方案，就是研究对策。创业者在发现问题时，首先不能只看事物的表面，其次需要能够准确敏锐地找出与创业目标关系最密切以及实现的可能性最大的信息。创业者在分析问题时，就要追本溯源，万不能不计后果、就事论事。创业者在确立目标时必须比较利弊的得失，分析有无可能，以及可能性的大小。对于制定和研究一些对测以及最后最佳方案的确定，都需要在仔细调查的基础之上。

创业决策过程是根据效益原则优选最佳决策方案的价值判断过程和决策者认识客观可能性的认知过程。决策思维不仅尽量做到主观符合客观，要对各种可能作出准确的事实判断；而且做到客观可能符合主观需要，选择投入少、效益大、风险小的创业方案

三、创业的计划及控制

计划是非狭义决策的一个部分，也是决策方案的具体化及秩序化。浅显的说，对组织成员及各种活动在实施具体决策方案时，决策者所做的统一部署和具体安排，就是计划。它的功能是让决策落到实处，并使决策转化为可实施和可操作的行为依据，然后定向控制组织成员的行为。决策和计划是创业实践中的两种基本功能。实际上，决策和计划有些地方既有些联系又有些区别。从一个角度来讲，计划是决策的一部分，对于如何实现组织未来目标的谋划和安排，它在制定任何一种决策方案上起到了重要的作用。要想使决策不在原有的目标上停止不前，必须有一定程度的计划，从另一个角度来说，计划本身就是被选定的决策方案，或者说计划是被具体化了的决策方案。当创业处于决策阶段时，需要通过多种决策方案或较抽象的行动计划来表现决策者的想法。而当某一方案被选定并具体化后，就成为计划。决策是计划的根据和前提，或者说是偏重定性的计划；而计划则是决策的结果和升华，或者说是细密周详的定量化决策。

计划作为指导具体创业实践活动的依据，具有定向、指导、控制、调整以至创新等多种功能。所谓定向，是指计划为创业实践确定了明确的工作方向，规定了一

定的任务；所谓指导，是指计划为创业活动规定了基本的操作原则和工作程序；所谓控制，是指计划对组织系统各要素的活动幅度、活动节奏以至时机时限起着限制作用；所谓调节，是指通过计划的相应变化或部分修改，对组织各部门的关系、系统的总体结构加以调适，以协同系统和谐有序地运作。

综上所述，创业意识在指导创业实践的过程中，分别表现为预测、决策、计划三种思维形态。预测是对创业实践多种发展趋势的大致估计；决策是通过深入的比较分析，逻辑论证并根据组织需要对多种可能性进行的判断和优选；计划则是将决策方案进一步具体化、程序化，使之成为可操作、可应用的活动规则及工作指令，以便引导组织成员的参与活动，这个过程既是思维由抽象而具体的升华进程，也是自主观而客观、从精神变物质的过程。

第三节　如何开展创新创业教育

主体目的的落实离不开一定的方法，或者说是对象性客体被主体能动作用的各种工具的总称。不管是认识世界或者改造世界，我们都一定要借助特定的物质上的手段或精神上的工具，还有一些相应的方法。假如没有方法或方法使用不当，人们将无从下手、或者前功尽弃。高校教育工作领域把创业教育工作作为特有的一种针对性活动，当然也要有一定的方法，即相应的工作方法。然而，到底创业教育需要什么样的工作方法呢？不同方法之间有何关系与差别，以及怎样正确选择和恰当运用众多的创业教育工作方法，这是一个十分繁琐的方法论问题，需要进行透彻的分析与深入探讨。

时代在进步，科学技术也日新月异的发展，一些过去人们未知的领域和前人没有利用或无法利用的方法逐渐被人们所认识，同时运用在创业教育工作的实践当中。正是人类逐步认识和运用新兴科学技术产生的创业教育工作方法，创业教育工作活动才跃升到了一个新的高度，并逐渐完善、与时俱进。所以，研究创业教育中的技术方法在现代条件下的意义非常重大。本节将在对方法进行简单的概括的基础上，深入分析创业教育者应当熟悉和掌握的工作方法。

一、创业教育工作方法及其系统结构

创业教育工作是特殊的教育实践活动的一种，必定有其经常使用的工作方法。但是创业教育所需的工作方法如何认识和界定，需要进行仔细的研究。

首要问题是，创业教育工作活动中人们所采用创业教育工作方法不是唯一性的，创业教育工作方法仅仅是在创业教育者在开展创业教育活动中涉及工作的方法时，指导如何做好教学工作的方法。创业教育工作作为一种实践活动，是创业教育工作主体和创业教育工作客体的互动过程。在整个的工作过程中，创业无论是教育者，还是大学生都在活动，两者都有自己针对的对象，同时也都借鉴了一定的方法。那么，是否可以认为人们在创业教育工作活动过程中所采用的方法就是创业教育工作方法呢？笔者认为这种观点是不全面，不正确的。因为，虽然在创业教育工作过程中大学生也在活动，但是老师一直在引导并参与了他们的创业教育工作。创业教育工作的重点是创业教育者的工作，在工作的过程中，要引导大学生树立"三观"、提高创业能力的特殊实践活动。因此，只有具有教育属性的创业教育者的行为方式，其创业教育工作方法才在创业教育工作过程中有着严格意义。如果创业教育工作过程中所有成员所使用的方法被看成创业教育工作方法，那创业教育者同大学生的关系将会被模糊。创业教育工作方法是多种多样的，是创业教育者进行创业教育工作所采用的各种工具和手段。那么，创业教育工作方法到底包括哪些种类？各种不同的方法之间又有什么样的关系？这就涉及到了方法的系统问题。所以，人们需要从哲学的角度去分析、研究和探讨关于创业教育工作的方法系统。

由多层次、多侧面的不同的方法按照一定结构有机组成了创业教育工作方法系统。把方法按总体特征去分类，创业教育工作方法是由创业教育者的认识方法和实践方法组成的；如果按创业教育工作方法的普遍性程度来划分的话，则可划分成哲学方法、技术方法和专业工作方法。关于创业教育工作的认识方法和实践方法，上文已有描述。本章主要介绍创业教育工作的哲学方法、一般方法和技术方法以及它们之间的关系，展示创业教育工作方法系统的一般特征。

什么是哲学方法？就是指某种哲学观点的研究、观察和指导创业教育工作活动的方法被创业教育者运用，其中包括创业教育者怎样去理解创业教育工作的社会本质和一般规律，如何评价教师和大学生的能力以及两者的基本关系，怎样做才能在在宏观上把握组织和环境、团体和社会之间的关系，等等。总之，一旦涉及创业教育工作的根本路线、战略决策、基本原则和用人宗旨等重大问题时，就需要借鉴哲学方法，还有一些关于基本信仰的一系列思想价值的问题，都离不开哲学方法。虽然这种方法非常抽象，初看起来似乎不能直接解决创业教育工作中任何具体问题，但这种方法具有最大的普通性，似乎哲学与学生工作无关，而常常被人们所忽视。事实上，创业教育者是不能摆脱哲学的，创业教育者的思维方式和行动路线被哲学所左右，在各种创业教育工作活动中自觉或不自觉地影响着人们，甚至创业教育工作的成败也与之息息相关，为创业教育者提供了不可或缺的方法论原则。

一般方法是指与哲学方法相关但又有所不同的另一类创业教育工作方法。这类方法同哲学方法相比，没有那么广泛的普遍性和形式上的抽象性，相对比较具体、操作简单，所以称之为一般方法。比如行政工作法、物质刺激法、行为控制法等方法就属于一般方法。因为行政命令、利益激励和行为控制着各类创业教育工作，这类方法普遍适用于各类创业教育工作。一般方法也包括在进行决策的常规原则、用计划控制监督创业教育工作全过程的目标监管方法等，它们在一范围内具有一定的通用性。技术方法是最具体、最易操作的方法，也是最直观、最丰富的工作手段，所以创业教育者特别是基层创业教育者常用的创业教育工作方法是具体的技术方法。这里的"技术"不是指工程技术，不是人们常说的各种技术工具，而是指作为个体的学生工作人员进行创业教育工作的具体方法和技巧。这类方法为创业教育者提供了明确的创业教育工作工具和具体的创业教育工作手段。

　　创业教育工作方法是由创业教育者所采用的不是一种方法或一类方法组成的，所以称之为一个系统。一方面，上述方法因为分属于创业教育工作的不同层次，特点和功能各不相同，所以相互不能取代。另一方面，上述方法彼此之间又相互制约、相互影响、取长补短，综合运用在创业教育工作中。哲学方法侧重于宏观决策和总体控制，属于最高层次的方法，多为高层创业教育者（如学校分管学生工作的领导）所采用；部门创业教育者和中层创业教育者则采用中间层的一般方法，因其具有通用性和一定范围的规范性。而基层创业教育者采用的是技术方法手段，因其有具体而实用性强等特点。高层创业教育工作人员不仅需要懂得哲学方法，也不能对一般创业教育工作方法和必要的技术方法一无所知；中层创业教育工作人员不可以抛开哲学方法或基层创业教育工作人员，也要掌握必要的一般方法和学会哲学方法；重点在于首先要让不同层次的创业教育工作人员学会与自身工作关系最密切的主要方法，而且应该了解和掌握更多的方法，要分清主次或让力量均衡，否则一样方法都不能好好掌握和好好利用。因为创业教育工作方法是一个系统，单从创业教育工作主体群体来看，要想在大学生创业教育工作中发挥作用，只有三种方法兼用、互相配合，才能发挥最佳的组织创业教育工作效用。这就要求各级创业教育者首先要树立系统观念，既能熟练的掌握某一种创业教育工作方法，同时还能做到互通信息、上下配合；既要注意克服方法上的单一化的倾向，还要杜绝不同方法的混淆和错位。

二、现代技术方法的类别和特征

　　现代创业教育工作中应用的各种现代数学方法、定量化方法和先进技术手段的统一体就是现代技术方法。在社会发展的客观要求下，被广泛应用，同时也是学生工作现代化、科学化、与时俱进的必然趋势。影响学生工作的因素非常复杂多变，社会分工随着社会发展和科学技术的进步日趋精细，所以学生工作相关的信息量和工作量猛增，对创业教育工作的要求也就越来越高。在这样的新情况下，首先要认真总结各种行之有效的传统学生工作方法，以便能更准确地描述和分析问题，深入研究各种因素多方面的数量关系，及时处理大量的创业教育工作信息，并对已经拟订好的计划方案和政策规定进行科学的论证。同时，现代技术方法在包括学生工作在内的各领域中广泛运用的必要条件：现代数学、信息科学和系统科学等学科的产生以及电子计算机也被广泛运用。现代技术方法是按照现代社会发展规律和适应现代科学技术进步的客观要求，利用现代自然科学和社会科学的最新成果，对各种工作对象进行有效控制的一系列新技术和新方法。它不仅继承和拓展了一般方法的基础上运用现代科学技术成果，经过不断摸索、科学试验、精心优选形成了的。现代技术方法的种类繁多，为了避免方法的滥用或错位，这就要求创业教育者要针对不同的对象选择正确地合适的方法。与此同时，各类技术方法又有着相互联系、相互制约的关系。在创业教育工作中不能仅应用一种或几种方法，虽然有时也能收到一些效果，但是有很大的局限性。为此，创业教育者在工作的过程当中，即要努力使各种方法和技术相互补充，也要发挥各种方法的综合功能。在当代学生工作中，尤其是创业教育工作中，系统方法、数学方法和预测方法被广泛使用。

三、系统方法

系统方法指的是按照事物本身的系统性把对象放在系统的形式中加以考察和处理的一种方法。这种方法为了达到最佳地处理问题的目的，要求从系统的观点出发，始终从整体与部分、系统与环境的相互联系、相互作用、相互制约的关系中综合地、精确地考察对象。其最明显的特点是整体性、综合性、动态性、开放性、环境适应性、最优化。

整体性是系统方法的基本出发点。整体性是指管理系统要素之间的相互关系以及要素与系统之间的关系都要以系统整体为主体进行协调，局部服从整体，使整体效果最优。在它的指导下，服务管理要从整体着眼，部分着手、综合考虑、各方协调，达到整体的最优化。其研究对象为整体，世界上的各种对象、事件、过程都是一个合乎规律的由多种要素组成的有机整体，而不是杂乱无章的偶然的堆积。这一整体的性质和规律不是各组成部分孤立的特征和活动的代数和，而是只存在于组织各要素的相互联系、相互作用之中。因此，这种方法在一开始就把对象作为整体来对待，以便从整体与部分的相互依赖、相互结合、相互制约的关系中揭示系统的特征和运动规律，反对传统工作事先把对象分成不同部分、分别加以研究然后综合起来。从系统管理目标上分析，任何系统的局部目标和整体目标之间都存在着复杂的联系和交叉效应。一般情况下，两都是一致的。有时，从整体上来看并不一定有利，甚至有害，但在系统局部却认为是有利的。所以，当局部目标和整体目标发生分歧时，为了体现系统管理目标的整体性，整体利益必须在局部利益之前。系统的整体功能的实现不能机械地将各个要素加起来，而是要使各个要素优化组合，以达到整体功能大于各个要素功能的简单相加的效果。这种总体功能远远超过了各个部分功能的总和，产生了一种质变。因此，为了使系统的整体性更好的实现，系统整体的功能必然要优先于系统要素的功能。否则，整体功能就要被削弱，从而失去了系统功能的作用。

系统方法的第二个特点是综合性。任何一个系统都是由许多要素为特定目的组合而成的综合体，这就是所谓的综合性。当进行系统管理时，一定要把系统的所有要素都联系起来，综合考察其中的共同性和规律性。它对创业教育者提出了两个方面的要求：首先要创业教育工作目标的综合，即要求组织系统各个部分必须围绕系统总目标开展工作，或者说要求一个组织的最高领导必须用组织总目标统一管理各部分的分目标；其次就是创业教育工作过程各个部分功能的综合，为了确保创业教育工作按组织总目标运行，要求创业教育者对任何对象的研究，都必须从它的成分、结构、功能、相互联系和历史发展等方面综合地、系统地考察。同时系统综合性原理还提醒学生工作注意两个问题：第一是系统是可以分解的。因为系统都是由许多要素综合在一起所形成的，所以，无论怎么复杂的系统都是可以分解的。第二个就是综合可以创造出新的事物。基于"量的综合导致质的飞跃"这一规律，现有的事物或要素通过特定的综合可能生成新的事物和系统。

系统方法的第三个特点是动态性。所谓系统动态性，是指系统作为现实生活中的一个有机体，其稳定状态是相对的，运动状态则是绝对的。因此，根据状态属性对系统的划分，静态系统是相对的，也是动态系统的极限状态。系统不仅作为一个功能实体而存在，而且作为一种运动而存在。为了使系统向期望的目标顺利发展，人们在动态性的指导下，不仅能对创业教育工作系统的发展趋势做预计，还能树立超前的管理意识，减少偏差，掌握主动。系统管理要素的动态性和系统管理功能的动态性两种形态汇集成了创业教育工作系统动态性。创业教育工作系统要素的动态性有两个方面的表现。一方面，创业教育工作系统要素之间存在着纷繁复杂的联系，这种联系就是一种运动。系统如果想要完成功能输出，就需要内部要素相互作用、相互影响，形成一定的输出模式，这个过程本身是动态的。另一方面，创业教育工作系统管理要素与环境的相互作用是一种运动。由于现实生活中封闭系统是相对的，开放系统则占大多数，因此，系统与环境之间会存在信息、能量或者物质的交换活动，这个相互作用过程也是动态的。创业教育工作系统管理功能的动态性主要表现为：创业教育工作系统的功能是时间的函数，是随系统要素状态的变化、环境状态的变化、各要素之间联系以及要素与环境间联系的变化而变化。

系统方法的第四个特点是开放性。在非理想状态下，不存在一个与外部环境完全没有物质、能量、信息交换的系统就是系统开放性。也就是说所有的系统都是开放性的，如果在创业教育工作中，有任何试图把系统封闭起来不与外界沟通的做法，都只会导致失败。系统管理的开放性源自系统自身的耗散结构。任何有机系统都是一个耗散结构系统，只有与外界不断交流物质、能量和信息，才能维持其生命。而且只要当系统内部消耗流失的能量小于从外部获取的能量时，系统就能不断地发展扩大。学生管理者在系统开放性理念的指引下，必须充分估计外部对系统的各种影响，并尽力通过开放扩大系统从外部吸入的物质、能量和信息，进一步做好创业教育工作。

系统方法的第五个特点是环境适应性。系统的环境适应性会与环境发生各种联系，并不是孤立存在的，适应环境系统是拥有生命力的前提。相应的，系统也有着主动改善环境的能动行为。人类构成了整个的社会系统，在改造环境方面便具有主动的能动行为。系统对改善环境的能动行为也并不都是被动的。如创造条件，改造环境，构成社会系统的人类就具有一定的改造环境的能力。一定时期人类掌握科学技术、知识和社会经济发展水平等因素的限制着这种能动地适应和改造环境的可能性。创业教育者进行创业教育工作决策时，在系统的环境适应性理念的指导下，不仅要清醒地认识系统本身的局限性，还要把握一切能动地改变环境的机会，实事求是地作出科学的判断和决策，并且设计出有利于学生素质提高的工作方案。

运用系统方法进行创业教育工作所能达到的最佳效益就是最优化。系统方法根据需求和可能，可以为系统量身订做并确定出最佳目标，在动态中协调整体与部分的关系中，运用最新技术手段和处理方法，把整个系统分成不同等级和不同层次结构，使得部分的功能和目标服从系统总体的最优目标，达到总体最优。

通过分析上述五个特点，得到的结论如下：系统方法能将分析和综合在现代科学技术的基础上有机地结合起来，并运用数学语言定量地、精确地描述对象的运动状态和规律，是一种立足整体、统筹全局、使整体与部分辩证地统一起来的科学方法，为运用数理逻辑和计算机软件来解决创业教育工作中的复杂系统问题开辟了新的道路。

现代社会活动规模大、因素多、关系复杂，为了减少在人力、物力、财力和时间上的巨大浪费，就不能再照抄过去那种条块分割、分兵进击的传统方法进行学生工作。

整个创业教育工作方法论被系统方法改变了，它不仅改变了创业教育工作主体的思想方法还带来了深刻的革命性变化。创业教育者通过系统方法对创业教育工作的研究方式从以个体为中心过渡到以系统为中心，从单值的过渡到多值的，从线性的过渡到非线性的，从单——N度的过渡到多测度的，从主要研究横面关系过渡到综合研究纵横面关系。这些变化在引起了创业教育工作主体世界观和方法论的深刻质变的同时，还改变了创业教育工作的图景，改变了学生工作的知识体系。

四、数学方法

数学是一种工具和手段，自身并没有什么目的，这一点具体且清晰的表现在应用数学方面。因为应用数学就是为某一具体科学提供适当而有效的数学方法的学科，就是为设法解决各种具体科学课题而产生的数学工具。数学作为数量结构科学，数学方法的普遍性还反映了异质同构现象的存在。也就是说，同样的数量关系可以反映不同的物质存在形态和不同的物质运动过程，而不同质的事物和系统也可以存在着同样的数量关系。

人类在不断的探索中发现，数学方法可以应用于各门科学，这是就原则和理论来说的，要尽可能地把这种原则和理论上的可能性变为现实。进行质的定性分析相对来说比较容易，而进行定量分析就比较困难，这在科学和社会发展的历史中表现的非常明显。数学方法在近代科学产生以后得到了广泛的应用，首先是力学和物理，其次是化学。现在，在社会科学某些领域中也开始应用数学方法，比如运筹学（优选法、统筹学、规划论、对策论等），数学在一些社会科学（特别是经济学）中也有显著的作用。

数学方法也与时俱进，随着现代科学的不断进步，逐步开始应用于大学生创业教育工作之中。为了求出最优的答案，从而达到目标，部分创业教育工作在数学方法的参与下，用数学模式程序来表示计划、组织、控制、决策等合乎逻辑的程序。除此之外，计算机还为数学方法应用于大学生创业教育工作开辟了新空间。它不仅能提高大学生创业教育工作跨度，而且适应高速发展的现代社会的需要，使大学生创业教育工作高速化、精确化，还可以助创业教育者对大学生创业教育工作活动的全过程进行宏观的调控。当然，随着大学生创业教育工作的发展，人们越来越深入的认识了现代创业教育工作各个层次，在创业教育工作的认识手段和方法上，就比以往任何时候更加需要多种方法协同发展。

五、预测方法

对于客观事物未来发展状况进行分析、估计、设想和推断就是所谓的预测。事实上预测并不神秘，人们时时刻刻都在作各种预测和判断，比如说出行的路线，对天气冷暖变化的注意等。总得来说，想要做一个有目的的行动时，都必须要对未来做一个规划过程，预测就包含其中。比较简单的预测在生活是比较常见的，非常容易实施。但对创业教育工作的预测，内容就比较复杂了。

科学的预测，由过去和现在推测未来，由已知推测未知，通过对客观事物的历史和现状进行科学分析和调查研究，从而揭示和预见事物未来的发展趋势和变化规律。科学的预测是在正确理论的指导下，对客观事物进行深入分析、并运用现代先进的预测技术，进行系统的研究，而不是随意猜测。

专家评估法是第一种方法。即组织有关领域的专家研究预测对象的性质，运用专业方面的经验和理论对过去和现代发生的问题进行综合分析，对学生工作未来的发展远景进行判断。个人判断、专家会议和德尔菲法（即专家意见法）等都包括在专家评估法内。个人判断一般指的是有权威的专家借助个人经验和知识才能作出的预测。而依靠专家集体智慧作出预测就是专家会议。美国兰德公司首先采用了一种叫德尔菲法，又称之为专家调查法。所谓的专家调查法就是得出的比较一致的意见是通过书面的形式征询各个专家的意见、背靠背地反复多次汇总与征询意见而形成的结论。

第二种方法，就是所谓的预兆预测法，这种方法的困果联系是最灵活的发现形式，是通过调查研究前超现象推断后继现象的一种预测方法。预兆预测法的关键在于能非常准确地掌握前超和后继现象之间的各种联系，剔除偶然性，把重点放在两者的内在联系上。例如当只知道两者相随发生，却不知道两者内在的联系时，做出的预测就是不可靠的。如果想确定引起后继现象的前超现象，就必须密切注意两种现象相随的再现率，才能对将来的发展趋势作出正确的预测。

时间序列做为第三种方法，也被称之为时间数列，这种方法是将某种统计指标的数值按照时间的先后顺序排列所形成的数列。如果想预测下一时期或以后若干时期可能达到的水平，就要通过时间序列预测法把编制和分析时间序列，根据时间序列所反映出来的发展过程、方向和趋势，进行类推或延伸。通过编制和分析时间序列根据时间序列预测的方法就是时间序列预测法，其内容包括：例如想要预测该社会现象的未来情况，首先要收集整理某种社会现象从过去到现在的历史资料，先编成时间序列，并按各种可能发生作用的因素分类（长期趋势、季节变动、循环变动、不规则变动），分析时间序列，从中寻找到该社会现象随时间变化而变化的规律，得出一定的数学模式。[①]

回归分析法做为第四种方法，即如果想找出各种客观因素与未来状态之间的统计关系，就要先研究引起未来状态变化的各种客观因素的相互作用。这是一种依据事物间的因果性原理，以数学为工具建立的预测方法。在随机的事件里，某些变量之间是存在着一定的依赖关系的，一个变量的变化能引起另一个变量的变化。当想确定函数关系时，首先要能够准确地发现这些变量之间的数量关系；如果很难准确地确定其数量关系时，想要找到某种相关性关系，就只能通过对大量数据的分析才可以。通过回归分析的中介，使相关关系转化为函数关系，就可以定量地把握事物的因果规律。根据大量统计数据来近似地确定变量间的函数关系，回归分析可以根据定量确定相关因素间的规律和方法预测未来。

类推法做为第五种方法，首先需要在至少两个两个事物中进行，一个作为被预测事物出现，另一个则作为模型出现，前者称为类推物，后者称为类推模型。当把类推物与类推模型进行逐项比较时，如果发现有相同的矛盾性质的同时，又发现两事物间的基本特征相似，就能用类推模型来预测类推物，这就是类推法的本质。

---

① 沈东华. 美国高校创业课程设置及其启示 [J]. 北京：中国高教研究，2014（11）：69—72.

在大学生创业教育工作中，科学预测方法起到了关键性的作用。从决策程序上分析得出，不论是在确定决策目标阶段，或是在优选决策和追踪决策阶段，都与预测密不可分。如果不能准确地看出未来的发展趋势，决策目标就不能确定；把预测作为依据，决策才能降低风险、更加可靠；假如预测没有可靠的根据，非常有可能造成再一次的失误。站在预测科学的角度来讲，决策如果没有预测，就违背了"时机原则"，造成了不成熟的决策，就是决策的根据不足。虽然就算是最好的科学预测也不能说是绝对可靠的，它只能说是一种科学根据的最大概率；但相对于决策这一部分来说，已经是非常好的了。

想要提高创业教育者应变能力，加强预测能力是要素之一。创业教育者在面对科学技术的迅猛发展，特别是随着科学技术的迅猛发展，现代化通信工具、信息技术、计算机的应用非常广泛的瞬息万变的世界时，不仅需要对于各种不同的可能性作出不同的预测判断，还要对各种不同的事物开展预测，提高应变能力。此外，为了提高工作效率和经济效益，也需要加强预测。

六、心理调适激励方法

创业教育是一个全方位的工作，不仅需要洞察大学生的心理活动和思想情绪，还要求创业教育者在运用"技术"方法的同时，学会运用心理沟通和思想激励等心理方法。

（一）心理的沟通与调节

人在创业教育工作中，是起主导作用的因素。做为创业教育工作的一个重要内容，需要借助心理学，充分调动大学生的积极性和创造性。改变大学生的精神状态及人手来调动大学生的积极性和创造性，创业教育工作中运用心理学方法，让每名大学生在参与创业学习这项活动中满足一定的心理上的需求，为实现创业教育工作的目标更进一步。

在创业教育工作中创业教育者经常运用的两种工作方法，就是心理沟通与心理调节。心理沟通着重对于大学生的心理方面进行疏导，而要想启发大学生学会心理的自我调控则需要运用心理调节这一方法。

1. 创业教育工作活动中，心理沟通起到的作用

为了加强群体意识，发挥整体效应，需要正确的心理沟通，不仅有助于师生之间交流思想、相互了解，还能消除分歧和误解，做到彼此信赖、统一思想。下面几个方面就是心理沟通在创业教育工作活动中的作用。

首先，心理沟通是实现创业教育工作目标的保证。如果想要在实践教学环节过程指挥和协调，创业教育工作中许多活动都是以沟通为基础，就必定要借助心理沟通去实现。

其次，为了加强思想工作，心理沟通则是重要的手段。创业教育者必须通过各种沟通形式使学生在创业实践中树立正确的"三观"，并把正确的理念告诉广大学生，为了达到让学生理解和认识，必须使其在学生中产生心理共鸣，从而使每个大学生的实际认识被教育者的思想所转化。

最后，为了提高工作效率，需要心理沟通的协助。创业教育者自身的品德、责任心和工作作风等主观因素对于提高创业教育工作效率很重要，与此同时，还需确保沟通渠道的畅通。所以，为了使信息通畅，实现提高创业教育工作效率的目标，就必须加强创业教育者与大学生的心理沟通，建立多形式、高效率的沟通渠道。

心理沟通对于提高创业教育者的沟通水平非常重要，第一步就是要提高自身的业务水平。总的来说就是要做好如下方面的工作：为了保证心理沟通的效果，要提高创业教育者的思维水平；为了能让大学生积极接受沟通的内容，就要设身处地为大学生着想，提高想象力，以便引起共鸣；为了保障传输和接受各种信息及时、准确，就要提高记忆力；为了确保与大学生的沟通能顺利进行，需要集中注意力，稳定情绪，端正态度，还要养成良好的沟通习惯。

2. 创业教育工作中心理调节的作用

人与人之间在心理上的协调、沟通、交流、转换与平衡等就是简单地心理调节。通过调整和调解及疏通等手段，缓解心理压力，并消除心理上的障碍，使其不仅树立了信心，还能相互的配合，一起朝着预定的方向前进，进而顺利地完成任务，就是心理调节在创业教育工作活动中的作用。心理调节在创业教育工作活动中有下面两个比较具体的的作用。

第一点，其拥有凝聚指向作用。创业教育者要实现创业教育工作的预定目标，必须做到心理的相容、凝聚成一团。人们活动的动机首先要拥有良好的心理调节，为了使各个方面的人员在心理上贯通一气、彼此配合，必须指向共同目标的心理保障，为实现特定的目标，要整个组织有计划、有步骤地努力工作。

第二点是关于节约增效作用。为了减少创业教育工作组织成员因为在心理失衡和彼此之间的心理防范所造成的各种内耗，就需要有良好的心理调节能力。良好的心理调节不仅能提高创业教育工作的质量，达到不增人而增效的目的，还能避免各种无形中的浪费，用较少的人、财、物和时间办更多的事。

客观世界瞬息万变，充斥着各种各样的冲突和矛盾。所以人们的心理也只是相对的、暂时的平衡。一旦环境发生了变化，身在其中的人们为了达到新的平衡就必须不断地调整自己的心理状态。心理平衡会随着环境的不断变化而不断被打破，所以这种心理平衡也被称之为动态的平衡。如果不能及时调整心理活动，那么心理平衡一旦被破坏的话，非常容易引起心理障碍，所以为了适应环境的变化，维护心理健康，要及时建立新的平衡。

事实证明，通过调节是可以实现心理平衡的，其主要原因是由于人的心理活动和情绪以及行为方式都是受大脑皮层神经活动所支配的，想要调节和转换大脑皮层的兴奋和抑制力，主要是通过有意识的锻炼，促进大脑皮层的活动趋向健全。外界环境条件变了，心理活动必然也会随之改变，是因为外界环境刺激了心理活动而引起的。调节心理平衡的行之有效途径就是根据心理学理论，宣泄、转移、升华等内容，创业教育者如果想要对大学生进行心理调节，要根具其具体的情况具体分析，选择适当的调节方法。对于如何选择调节方法，可以参照以下几点。

第一点，要让大学生意识到，在创业这条道路上，很少会有人一帆风顺，在前行的道路上，每个人都会遇到不同的阻力及困难所造成的挫折。创业教育者应该在大学生面对挫折时，开导并帮助他们，协助他们建立正确的挫折观。首先，要让大学生坚信从失败和挫折中总结经验教训，才会使人变得聪明起来，正所谓"失败乃成功之母"。其次，还要让大学生知道，正视现实，在感情上也要承受挫折，事情已经发生了，不过如此，要心平气和地接受已经发生的事，勇于面对现实。必须要有顽强拼搏、不怕挫败的精神，才能在事业上做出一点成就。最后，为了减轻大学生的心理压力，可以用"退一步"的方法。当其犯了错的时候，心理压力会随着"退一步则海阔天空"想法而有所减轻。只有这样，学生将来面对创业实践中的挫折才不会不知所措。

第二，大学生由于各人兴趣、爱好、性格不同，在教学环节、尤其是在创业模拟环节，彼此之间难免会发生各种矛盾及冲突。当这种情况发生时，如何教育大学生注意克制并树立正确处理矛盾的方法是创业教育者应该做的。为了促使冲突气氛转变，首先要让学生有意识地强行克制自己，让其学会理智、克制及忍让。当发生争吵时，激烈的一方见对方做出了让步，情绪很容易平复。也会缓解由矛盾、冲突带来的烦恼、紧张情绪。其次，如果想要当事学生慢慢恢复平静并可以冷静思考，就要先想尽一切办法使其离开现场，并找出能够解决问题的办法，消除矛盾、处理冲突。最后，要让大学生设身处理地为别人着想，学会心理转换。为求得和别人心灵相通，要提倡宽容，以求得心理相容，做到增近相互了解和谅解。如果能做到这些，那么有许多矛盾都会在大度相容的心境下得到很好的解决。

第三，有的大学生的心理承受能力非常脆弱，一旦遇到挫折及失败，情绪容易激动，不能放任发展，否则将很容易失控，造成不可挽回的局面。当这种情况发生时，创业教育者要教会学生使用一些方法，从事件中解脱出来；想要学生树立长远目标，晓以利弊，懂得不能被一时的挫折所打败的思想观念，创业教育者就应当积极做好大学生的思想工作。首先，想要学生敢于痛痛快快地宣泄，如同卸掉了一个沉重的包袱一般，就需要引导学生向老师或亲友倾诉想法，这样，他的心里就会觉得轻松许多，同时也能在朋友的劝告之中得到一些安慰及支持。其次是做到自然分心。不要让学生沉湎于情绪剧烈波动时所带来的烦恼痛苦的事情里，要有意识地做一些能使怒气和烦恼逐渐消失的促进心情平衡且愉快的事来分散学生的注意力。

（二）精神激励

多种激励手段以及上述的心理沟通和心理调节组成了创业教育工作中的心理调适方法。创业教育者借用各种手段去激发学生的学习热情的行为被称为"激励"，具体表现为，要想引导学生能自觉地投入到学习和学生活动中，以完成预定的目标，首先要求创业教育者运用一切行之有效的方式，去改变大学生的心理状态，并激活他们潜地的主动性和创造性。激励的手段和方法是多种多样的，大致上可以分成为物质刺激（物质激励）和精神激励，这两个大类依据激励手段的性质来分类的，在现代社会中使用得最多的方法是物质刺激，虽然能够满足人们的部分需求，但需要激起人的热情，仅仅单纯的物质做为刺激方式，就会有明显的局限性。创业教育工作中应把精神激励作为主要方法和手段，是因为创业教育工作属于学校教育范畴。这样做的主要原因是如果想要满足人们更高与更丰富的精神追求，就得先以满足其物质欲望为基础。

作为实行精神激励的第一种方法就是要增强学习兴趣。兴趣决定了个人对客体的选择性态度。一种积极的情感能伴随人们在学习过程中得到向上的激励。当人能集中精力于感兴趣的对象时，会感到喜爱和满意，其必定是对某一事物或行动感兴趣。在学习中想要充分发挥主动性和创造性，前提一定是热爱学习，对学习产生了深厚的兴趣。综上所述，可以从三个方面入手来增强学习兴趣：一是在不影响教学效果的前提下，改善学习条件，尽可能的使学习内容变得更丰富一些，必要时可以对教学的内容进行重新组合；二是要想使学生了解自己学习创业知识的社会意义，就要增强其对学习意义的理解，培养学生的学习兴趣，让他发现自身的社会价值及学习成果。第三点就是以人为本，尽量按照每个人的特点安排学习内容，从其性格、知识、愿望、特点等方面着手，安排适当的方式，并调整有异议的学习安排。[①]

---

① 卢亮，胡若痴，但彬. 发达国家大学生创业措施及对中国的借鉴［J］. 北京：中国高等教育，2014（8）：55—59.

作为实行精神激励的第二种方法被称之为精神表彰。消极行为在通过表彰对积极行为的强化作用下，逐渐弱化。重点注意以下几方面的问题就可以做好表彰工作：第一，为了保证表扬的严肃性，首先要通过调查研究，准确掌握精神表彰对象，弄清楚哪些人应该表扬，哪些人不应该受表扬。第二点，为了增强大学生对表扬的重视，精神表彰一定要及时，这样才能发挥表扬的最大效果。第三点，精神表彰要注意场合，要弄清楚哪些事情可以公开的表扬，哪些人只能在一定的范围内做出表扬，哪些人仅能在少数人面前表扬或私下里单独夸奖几句即可。第四点就是精神表彰要做到具体，想要有感召力，就要具体到被表彰的某人或某件事上，越具体越生动越好。第五就是精神表彰不仅要负有热情、诚恳，有感染力，同时也要讲究语言艺术并掌握分寸。

除了以上所讲述的几方面之外，对每个大学生的行为有很大的影响就是整个学习集体的精神状态。要使大学生获得安全感、归属感、自豪感和集体荣誉感，必须拥有和谐的精神状态，使其乐于并积极努力参与集体组织所开展的活动之中，促进活动能圆满成功。

因此，要想使每一个大学生都能生活和学习得非常愉快、舒畅，从而达到学习集体内相互激励的目的，创业教育者就要善于用精神激励方法制造一种良好的气氛。

第四节　创新创业者创新思维能力的提升对策

国家在提出推动创新、创业理念的时候，是把创新、创业作为关联概念提出的。然而，在以往的创业教育实践中，往往忽视创新能力的培养，使得创业者创新能力不足，进而影响创业实践活动的可持续发展。因此，本节将简单介绍提升创业者创新能力的对策。

一、创业者创造创新能力概述

在学术界，必须首先分析不用含义的两个词，创造、创新的区别。

拉丁语"creare"演变了英文的词语"创造"。"creare"的大意是创造、创建、生产、造成。与其含义相近的另一个是拉丁词"cresere"（成长）。在《旧约全书》的《创世记》中有"在一无所有的时候上帝创造了天和地"。创造一词的由来就是万物皆无的时候开创出新东西。独创性是创造一词着重标注的。然而，任万物都不是凭空捏造的，而是前人留下了一定的经验供参考，中国语言中的创造的含义是真实的。根据《词源》的解释，"创"和"造"两个字组成了"创造"，"创"寓意着"破坏"和"开创"，"造"寓意着"建构"和"成为"。所以"创"和"造"组合在一起就意味着推陈出新。

创造是多种多样的并且无处不在。例如科学上新事物，艺术上新创作，方法上的突破，技术上的更新都是创造。创造做重要的特色就是"唯创必新"。

美籍奥地利经济学家熊彼特是首个准确地阐述创新概念的人。在1912年他发表了《经济发展理论》并且提出创新是经济生活内部生产要素和生产条件的新的组合，创新的五种表现形式如下：1. 一种新产品或产品的新质量被引用；2. 新的技术和生产方法被引入实践；3. 新市场的扩张；4. 获得新供应来源有关于原材料或半成品；5. 新的组织形式在企业中得以应用。

在熊彼特的创新理念中更关注技术创新，企业内部组织结构也只是强调制度创新。由此可见，熊彼特提出的创新只是创造的一部分。陶行知的创造教育开启了中国现代创造学研究。1918年，陶行知把改革教育的创造教育思想写入《试验主义教育方法》等论文中。20世纪80年代初期，创造工程和创造技法引进等议题的研究在学术界展开。20世纪90年代，创新工作引起高度重视。20世纪90年代中后期，原来的技术革新被技术创新概念所代替。而后，除了技术、经济领域，创新概念被其他领域广泛应用，这大大不同于与熊彼特最初提出的概念。所以在共青团组织开展的"引航"工作中，创造力有待于被提升，之后再进行创新。

从创新实践的主体着手来探讨关于分析创新类型的问题。新按照工作主体间的相互关系可以分为：自主创新、模仿创新和合作创新。

自主创新是指创新者完全根据自己的知识和能力在工作上取得的突破，并且提出或使用某种工作技巧或进行某项活动。原始创新和一般自主创新是自主创新的两部分。虽然国内外高校交流的机会正随着日渐发展的全球化逐步变多，但是高等教育工作还不是主要的组成部分，在创业教育工作中，而高校或校内部门依然是创业教育工作中的主要形式。高等院校之间的利益、高等院校内部的群体以及个人的利益都是互不相干的，因为各学校初期会排斥这种教育方式，这给新创业教育经验的扩散和普及带来一定的滞后性。因此，依据现状创业教育工作创新可能不是原始创新，自主知识产权的创新、理念创新，以及自主创新即是原创。这些成果更好的是实践是在一种类型的高校（例如"985""211"，普通一、二、三类本科）中，而并非在全国范围内属于原创。严谨的说，不具备原创性的一般自主创新对于一所具体高等院校来说是很重要的，依据本校的现状，探索出适合自身的方法并且史无前例。对于创业教育工作来说，兼具根本性和原创性的原始创薪在一个地区的创业教育理论与实践研究水平工作中具有很大的代表性。大规模原始创新成果的涌现往往预示着一个地区的创业教育理论与实践水平取得的腾飞进步。

模仿创新是在原始创新或一般自主创新成果之上取得的进一步发展。不同于简单的模仿，在消化和吸收新方法和理念的同时，对原有方法进行再创造，改进以及重组，从而取得突破性的效率和效果。模仿创新不但可以提升创业教育工作效果，还可以大大提高创业教育工作进步的时间，提高效率的同时还节约了先期理论研究的人力和物力资源。所以对于层级较低高校，采用最多的创业教育工作就是模仿创新。模仿创新的局限性也限制了同层级高校向创业教育工作领域的领先者发展的步伐。

创业教育者与校内外各层次主体通过各种形式合作开展的工作创新就是合作创新。随着全球化和知识经济的时代的到来，合作创新越发重要而且它的优势也是显而易见的。国际合作日渐亲密，随着不断提高的有关于教育体系的究实践水平，高等教育涉及的问题变得错综复杂，单一主体已经发挥不了作用面。不同的创业教育主体采用合作创新的战略达到创业教育工作和提高大学生创业能力双重发展的目标。进行合作创新的目的在于可以实现资源共用、优势互补，缩短时间和投入，规避失误和风险。开展合作创新为了使合作有效进行，达到理想的效果，首要建立清晰的合作的目标、期限和规则，明确自己的权利和义务，有效的规避主体之间的利益矛盾。

创造来源于大量信息的累计，而不是单独凭空想象出来的，并且人的思维习惯和方法影响也会影响创造灵感。掌握创造性的思维特点和基础性的思维形式对于提高创造性思维能力同样重要。这就说明创造性思维能力的提升更为关键。首先，打破利用传统观念直接处理问题的思维。然后，努力打造逻辑思维的严谨性。最后，学会换位思考。

上文已经提及了创业实践的工作方法，结合综上所述的三个原则，下文将分析创造性思维的能力特点及提升对策。

二、善于突破传统观念

在创新实践的过程中会出现些难懂的问题。在人们的观念中，复杂的问题解决起来是一件令人头疼的事。主要因为受传统观念的影响。只有冲破传统的观念令问题简化才能解决这类问题。在实践中，创新、创业者可以通过下述三种思维来突破传统观念。

第一，用直觉思维方式突破传统观念。直觉思维法在直接获取某种知识的时候是通过一种无意识的逻辑思维方法。直觉思维不仅是种潜意识思维也是打破传统观念的重要方式。人们有时会突然理解了某一问题、形成某种认识，并没有经过缜密的逻辑思维。人们头脑中的某些无意识的信息被加工后再通过整理所产生的对认识的飞跃就是直觉。主要表现为对某一问题的突然顿悟，和对创新性观念和思维突如其来的灵感，以及对某种难题的突然开悟。

直觉思维是一种思考问题的特有方法和状态，可以从材料直接预知结果。顿悟则是通过直接思维产生的灵感或者理解来解决问题。顿悟是潜意识思维，表现出的主要特征为：创造性的功能、突发性的时间、瞬时性的过程和亢奋性的状态。现实生活中的情况主要表现为：依然找不到研究已久、苦思冥想的问题的解决方法。在突然受刺激的情况下，思考者大脑会出现产生一种灵感高速运转，思路特别清晰所有的问题都解决了。每个正常人都会有顿悟这种思维，而不仅限于某些科学家、艺术家、文学家，主要产差距就是顿悟出现的频率和优劣。一般知识渊博、刻苦钻研、经验丰富的人常会出现顿悟思维，而不是凭空想象、捕风捉影来的。灵感顿悟来源于实践的积累和渊博亨实的知识。持续的对问题和材料的韧性思索是产生灵感顿悟的最基本条件，直到达到思绪的顶峰状态，这就要求思考者热爱这些问题，有强烈解决问题的欲望，并且可以积极主动的思考这一问题。

作为顿悟的主要诱因——启迪，是不同思维信息连接的纽带，同时也是开启新思路的契机。当主体的灵感迸发出一定的火花，在某一特定因素的刺激下，瞬间思绪明朗。因此要留心观察周围的事物或现象刺激灵感的产生。灵感顿悟转瞬即逝，很难记住，要伺机而动，善于捕捉一闪而过的特到见解。灵感顿悟大多是大脑高速运转短暂停歇时候获得的，思考者注意松弛有度，并且要养成良好的学习、工作方法和习惯。只有在安定的环境，远离干扰信息，思考者才会有更多的顿悟，反之，无法进行正常的研究和探索，也不可能达到灵感顿悟产生的境域。创造性思维的灵感、顿悟貌似是一瞬间产生的，转瞬即逝。灵感顿发的产生要经过一个人的潜意识各功能之间的相互合作，孕育的过程，时机成熟瞬间沟通，形成了意识。这一过程是客观存在的，所以灵感顿悟不是高深莫测、无规律可寻的。在人的灵感产生之前，反复斟酌，大脑高速运转，就能把思维从显意识转变为潜意识。灵感即是思维通过潜意识处理，偶然和显意识碰撞从而得到的答案。周总理的八字箴言准确的总结了灵感产生的认识论基础——"长期积累，偶尔得之"。创造经过长期的观察、实验、勤学、苦想产生了直觉和灵感。没有这个基础，人的大脑必须在此基础之上才可以产生灵感。灵感、想象在创新、创业工作中经常是不清晰的，如果这种模糊的思维不能被重视，灵感就可能浪费掉。

值得注意的是，直觉思维并不是凭空想象的，而是要有一定的背景知识。即使是在梦中得到的直觉、顿悟都要以一定的理论知识为背景，而认为直觉、顿悟无所不能的想法是不符合实际的。

第二，用想象力冲破传统观念。丰富的想象力可以引发人的创造性思维，创造想象是创造活动的前提和基本。好的创造成果都是来源于独树一帜的想象。思考问题的时候，人们不但引用判断、推理的概念，还要依靠于想象。想象的广泛概念：联想、猜测、幻想等。概念与形象、具体与抽象、现实与未来、科学与幻想都被想象恰当的联系在一起。重点要提的是：没有实践证实的想象始终不能成为真理。需要一定的条件和过程才能把想象变成现实。带有猜测性质的想象顶多是一种预测而已，不一定会成为现实。因而，我们不但要倡导想象、培养丰富的自我想象力，更要始终持有清醒和不同程度的怀疑态度。

人类在原有的经验基础之上创造出的想象，通过这些经验对想象进行整理，从而建立一个全新的心理过程。人们在分析和解决问题时，想象活动经过缜密的逻辑思维的整理，整顿特定你的思维空间，进而找到解决问题的手段和思维方法。

想象的重的联想。联想能够创造更多的设想思维方法，通过把事物联系在一起来比较，扩展人脑的思维活动。若干对象被赋予一种微妙的关系进而获得新的形象就是联想。通过联想可以让毫不相干的事物产生联系。联想可以作为一种很好的方法进行创造性心智机能的培养，是接受新知识的纽带。联想不仅可以在已知领域内建立联系，还可以以已知领域为基础，伸展到未知领域斩获新发现。通过联想可以收获很多成功的发明创造。异于一般的思考，联想是一种更加深化，是由此及彼、由表及里的思考。一个人如果只掌握所学到的那点知识而不进行联想，那他的知识仅是零碎的、孤立的，有局限性的。如果善于运用联想，联想运用的好便可以做到由点及面、灵活发挥、举一反三，一通则通，提高认知能力，迸发创造的灵感。联想能够把不同意义的概念联系在一起，找到某些事物的同一因素或必然联系的同时，也可以揭露事物的本质。联想来源于已有知识和经验并不是胡思乱想，通过重新编码、整理、替换和输出输入到大脑中的各类信息，同时也蕴含着积极创造性想象的成分。人脑特殊的一种能力就是联想能力。想要通过联想获得发明创造必须要熟知联想的种类和规则，这点不是每个人都可以做到的。

根据人脑反映事物间关系进行分类：联想可以分为接近联想、类似联想、对比联想、因果联想和自由联想等。接近联想，是由一种事物想到另一种事物，通过把空间和时间上相似的事物联系起来。例如，空间联想是把空间接近的事物联系在一起，由江河想到桥梁，由天安门想到天安门广场和人民大会堂。再如，时间联想是把时间接近的事物联系起来，由日落联想到黄昏，由"八一"南昌起义想到"秋收起义""广州起义"。类比联想也叫相似联想，是把相似特征的事物联系在一起，而由一事物想到另一事物。例如，由春天想到新生，由冬天想到冰冷，由攀登高峰想到发展现代化的科学。类比联想可以应用于文学作品中的比喻，仿生学中的类比。对比联想把特征相反的事物联系起来，由一种事物想到另一种事物。例如，由寒冷想到温暖，由黑暗想到光明，由物体"高温膨胀"想到"深冷收缩"。事物间通过因果关系产生的是因果联想，由一种事物想到另一种事物。例如，由加压想到变形，由高质量想到高销售等。基于事物不受限制的关系产生了自由联想。例如，由宇宙飞船在太空航行想到建立空中城市，想到在其他星球上安家落户。

急骤式联想法可以让思维更顺畅。这种方法要求人们反映迅速，在规定的短时间内毫不迟疑地说出或写出些观念来，对错与否，质量如何都不重要。训练结束后再进行评论。例如，要求说出砖头的各种作用，学生可以答出：砌房子、筑路、磨刀、填东西、敲捶物品……再如，圆形的东西都有哪些？学生回答：皮球、纽扣、缺口、茶杯、锅盖、圆桌、车轮……答案多而快表示越流畅。

想象的主要形式是猜想。猜想是指人们发挥思维的能动性，预测和设想未来事物的事物发展进程。猜想法要以现有经验为基础，又不局限于既有经验。以往科学家的某种大胆假说和猜想会成为科学史上崭新的认知成果。创业者要想获得认识的真谛就要在创新、创业实践中进行大胆的假设、谨慎求证，最终得到验证。猜想方式的种类很多，把事物的之间的相似、相反、相近关系联想在一起；各不相干的、不同的知识要素也可以通过用试错的方法被联合起来；通过创造性的想象来补充不存在的事实和设想。总的来说，进行猜想的时候，还可以大胆地猜测、设想、试错、更改，打破既定的知识圈，以原有的感性材料为基础，尽量建造多的思路、方案、模式反映物质世界，再进行比较、研究和论证，渐渐摒弃错误的猜想，从而形成真理。

只有打破现存事物和观念的约束，对将来有可能发生事物进行大胆设想才可以更好的实现想象。大胆设想的前提就是要解除迷信，挣脱束缚。努力挣脱现有事物和观念的束缚的同时，正确认知现有事物已经不能满足人们的需求，也并没有达到最完美的状态，还有待于提升，更要相信科学和事实。然后，要发挥思考力，并且敢于质疑。最后，丰富的知识和经验是创造想象的基础，创造想象同样源于广泛实践得来的感性想象。只有持续的增大知识面，并且储存感性想象才能充分的发展自己的创造想象能力

第三，利用非逻辑思维突破传统观念。突破传统观念有效的方法就是非逻辑思维。非逻辑思维是指在思维过程中主动地冲破形式逻辑的束缚，采用第一感觉的、非清晰的和整体的思维方法。非逻辑思维不仅认可逻辑方法在认识过程中发挥的作用，更是肯定了认识过程中直觉思维的非逻辑性的关键作用。

非逻辑思维主要分为：1. 模糊估量法。针对一个问题，先估量和猜测结果，而不是先进行实验设计或逻辑论证。这是种直觉方法依据先前的经验和自己的直觉判断产生的。这种方法或许只是一种假设，或许会帮助研究者形成一种整体的、战略性的思维。2. 整体把握法。它要求人们先掌握元素间的整体联系和系统结构，而短暂侧重对象系统的某些构成元素的逻辑分析。超常思维是非逻辑思维的主要思维方式，超常思维能够让人们获得意料之外的效果，是因为它善于冲破原有规则和惯性思维的约束，独树一帜、别出心裁地去思索、探寻解决问题的方法。超常思维方法通常分为以下几种：第一，打破约束，找寻新出路。在创新、创业工作中出现新问题时，要勇于打破原有的事物规律，推陈出新，开创新境界。

第二，独树一帜，脱颖而出。只有别出心裁、出新立意的思考才能创造性的解决问题。要想有所突破，就要在创新、创业工作中冲破原有的观念和传统习惯。第三种，处事不惊，迎刃而解。只有冷静分析在创新、创业工作中遇到的临时问题，才能作出准确判断。第四，因果联系，全面突破。第五，适时联想，意外收获。创业者要想确保解决问题的系统性，就要依据事物与周围环境的相关性原理在创新、创业工作中进行全面思考。

三、保障逻辑思维的严密性

非常规的思维是创造性思维的基本。但是，最后人类创造的成果必须是符合逻辑的。只有提升逻辑思维能力才能增强个人的创造性思维能力。人们对事物的掌

握，是一个由浅入深、由低到高、从现象看本质、从抽象到具体的过程。因此，常见的逻辑思维方法就要由表及里、层层深入、剥丝抽茧。

掌握逻辑思维方法不但要层层深入，更要善长比较，也要会运用比较思维。比较思维是一种对比各类事物和现象，来定位它们的异同点和关系的思维方法。任何事物性质的好坏、发展的进程、数量比、规模程度都是相对而言的。比较之后才有鉴别。理解和思维的根本是比较。人们通过比较的方法，才能认知事物，了解事物的属性、特征和关联性。通过比较、区分事物间的差异，才能了解事物并且将其准确归类。

比较可划分成两个类别：同类事物间和不同类事物间的比较。找出同类事物间的共同点进行比较能够发现事物的共性；然后不同点能够揭露事物的非常性。比较不同事物探寻相同点从而找到事物间的关联；发现不同点能够揭露的差别。顺序比较和对照比较是比较常见的方法。顺序比较是对比现在和过去的研究材料。这是一种继时性的纵向比较。如：对比现在与过去，新与旧等。这种比较很能展现新事物的优越性，新阶段的进步性等，也能够说明优越的特性，进步的表现，并从中寻求规律、开拓思路，预测未来事物的发展进程。对照比较是交错地对比一起研究的两种材料。这是一种同时性的横向比较。它是比较空间上同时并存的事物，进行事物异同和优劣的认识。横向比较必须在同类事物之间进行，如国家与国家比，人与人比，单位与单位比，地区与地区比。这种比较中的可比性是至关重要的。只能够比较社会主义制度和资本主义制度的可比因素，抛弃不可比的因素，这就是所谓"异类不比"。并且要应采取客观、公平的严肃态度。在纵向比较或者横向比较的过程中，清楚的知道比较的原因，立场明确，运用正确的观点作出科学的、历史的具体分析。因此，纵向比较可能导致单纯地向后看，产生不思进取或从前优于现在的偏向；横向比较则可能对照罗列出现象问题的简单笼统，或者完全肯定或否定其他的人或者事物，从而总结出不合常理、非科学的结论。

关注如下几种形式的比较才能够更好的进行思维活动，并且有效的比较对照：首先，比较进知识与旧知识。用过比较悉知新旧知识的异同，并且结合新旧知识，在旧知识的基础上更好的把握新知识，同时更深刻地理解新知识。其次，比较新知识与新知识。通过比较中认知事物的共性和特殊性，并且找到事物间的相同点和不同点，让学生对知识的把握更加深刻和精准。再次，比较旧知识与旧知识。比较已经工作中已有的知识，加深理解和巩固，令知识更系统化，找出解决问题的方法。最后，比较理论与事实。让思考者通过事实检验理论的对错，把理论和实际联系起来。

通常情况下，比较简单、常见的是确定确定事物之间的相异点，而非相同点。

所以，先比较时相异点再比较相同点。最后，确定存在的异同，这样不但能找出同中之异，还能发现异中之同。比较事物时，围绕着主题进行是最关键的。不能把其他方面的因素掺和到事物某一方面特征的比较中。事物的主要因素和事物的次要因素要市场被重视，不能将事物的次要因素当作主要因素。分清事物的主要和次要因素对于把握事物的本质特征有很重要的意义。逻辑上的逐级深入和比较分析也只是创造性思维的基本，而创造性解决问题的关键则是理解力和判断力的提升。

懂得或者参透了某个问题、某件事才是理解。而"理解力"就是衡量一个人对这个问题、这件事搞懂、弄明白所用的时间长短。用时短说明理解力强，用时长说明理解力弱。一个人的理解力的好坏，强弱不是与生俱来的。这些都来源于人类在社会实践中经验积累所得，通过不断的处理、解决各种问题，并且总结多方面的经验获取的。通过实践可以磨练人的智力，这样才能变得更聪明从而提高人类的理解能力。值得注意的是，只有不断培养良好的持续学习并且热爱学习的良好习惯，这样才能有助于长久地提供良好的智力使理解力更加敏捷。所谓判断力是通过人类对某个问题或某些现象的观察、分析，然后进行综合和推理，得出正确与否、是非与否，或者通过观察、分析、综合和推理又延伸得到新的结论。人类发明创造的历史证明：人类想要取得创造成果或事业成功的决定性因素就是一个人的理解力和判断力的强弱。

通过不断地搜集外界的信息并分析、判断、预测这些信息才能使逻辑思维得到最大的发挥。反馈思维是指控制系统把信息输送出去，同时发送回其产生的结果，并对对信息的再输出产生影响力，起到控制调节作用，以达到预定目的的思维方法。

反馈是自然界存在的一种常见现象。从自然发展规律看，人和动物必须吸进的是新鲜氧气，呼出的是二氧化碳。如果二氧化碳不能够被绿色植物吸取从而释放出二氧化碳，那就不会有生命运动。在人体运动中，大脑在人体运动中的作用是输出信息，并且指挥人的各种活动。同时，体各部分与外界接触的信息会发送给大脑，并接受大脑调节、发出的新的指令。人体运动如果没有来自大脑的反馈信息是没办法进行的。

自然科学、社会科学等各个领域普遍白用反馈思维方。只有通过反馈信息的系统才能完成控制，达到预期的目标。只有存在反馈信息，才能够实现调节、控制的目标。例如，人类复杂的反射活动，都是通过神经系统的反馈而实现的。实现反射活动的神经通路叫反射弧，它包括感受器、传入神经、神经中枢、传出神经和效应器（肌肉和腺体）等五个环节。接收信息是前三个环节的主要功能（感受器、传人神经、神经中枢），执行机构是后两个环节（传出神经和效应器）实现的。一次单向传导并不能够完成所能完成复杂的反射活动，需要通过传人和传出部分来回就近传导，并且需要利用大脑多次反馈调节才能完成。有赖于这种反馈调节，才确保了人类对外界准确、全方位、持续的反应和对自身活动的准确把握。反馈蕴含在人类任何有意识的活动中。概括的说，反馈是生命存在的必须条件，没有生命，何谈人类的智慧和创造。

在学习知识的过程中，先要获取大量信息，然后由大脑对它们进行编码、重造，然后通过多种途径把思维的产物传送出去，让大众熟知，改变外界的评论，达到验收学习效果和学习深度的目的，借助原有的基础知识进行有针对性地再学习、再思考、再创造，达到更完成，更成熟的效果。这就是所谓的反馈思维过程。下面这两种反馈信息对学习者来说很适用：一是由输入引起的感受器官的反应，称为"内反馈信息"；一是通过输出（即知识的运用），获得来自外界的反应，称为"外反馈信息"。这两种反馈都具有调节学习和激发动机的作用。当，调节学习就是反馈信息发现了学习中的缺陷时、能够为重新拟定学习计划、改进学习方法提供依据；如果反馈证明学习的效果，便能提高学习的积极性，鼓舞和鞭策学习的信心，从而提升了使学习的趣味性，自信息倍增。

成功的创造者和发明者都喜欢运用反馈思维。例如，他们在掌握知识的过程中，善于请教能人，沟通研究，并且把理论应用于实践去找到问题，归纳总结；又乐意听取别人对自己的知识的意见，并且加以分析总结，从中受益，更运用到新知识入口，从而达到甄选和掌握对学习内容、方法和学习目标的目的。他们之所以可以取得成功是因为大量的输出信息并且得到更过的反馈。

反馈思维对于学习者和创造者有很大的帮助，发现缺陷加以补救，改进方法，同时寻找对自己帮助的志同道合者，分析探讨，事半功倍。所以，反馈思维法在加速学习成功和人才创造活动中有着至关重要的作用。只有掌握反馈思维才能在学习和创造中取得成功，常见的强化反馈信息的有效方法分为：敢于提问，寻求答案，谦虚求教，运用知识和同学进行呢探讨等等。

按照思维方式可以把反馈思维列为前馈思维和后馈思维。

前馈思维也称超前反馈思维方法，是指人们在工作过程中，在客观条件不变的基础上，能够提前把握时机，收集情报，细心观察、从局部看整体，并且超前制定应对措施，超前做好必要的调节控制准备的一种思维方法。古人很早就知道了这种前馈思维方法。这就是"不论做什么事，事先有准备，就能得到成功，不然就会失败"。我国春秋后期的范蠡之所以取得了成功就是源于善于预测市场供求和物价的变化。他发现"贵上极则反贱，贱下极则反贵"的价格摆动现象，进而提出了

"水则资本，旱则资舟""夏则资裘，冬则资稀"的策略。本，指桑木，即农业。稀，意为薄的东西。范蠡这段话的意思是：渔业不能变得稀有是因为它靠近江河湖水，但是靠养桑种为生的人却能把农产品卖个高价。然而撑船打鱼的人能够获利颇丰是因为他们缺少水。事物变化的辩证法就是物以稀为贵，反而能够实现盈利，比如，夏天，当夏衣很畅销的时候唯独你卖冬衣；冬天，当冬衣很畅销的时候唯独你卖夏衣。古人的前馈思维因为受到当时的生产条件的影响，大部分都是根据经验得来的，然而现代的前馈思维都是根据科学分析、推理出来的。

后馈思维使现在依照历史的样子重演的一种思维方法，通过用历史的联系、传统思想和旧的原则制约现在的方法实现的。后馈思维是一种循轨思维，也叫习惯性思维。它主要以历史为依据，总希望现在能够按照过去的做法、祖先的做法，前人的经验去发展。

因此，具有反馈式思维性质的后馈思维也是思维的一种惯性运动；把思维方式固有化、绝对化。后馈思维通常认为现在就是历史重复发生的影子。因此，这种思维也有另一种特性"滞后性"。历史也决定了它的向心力和惯性力的基础。后馈思维的一般模式如图 4－1 所示。

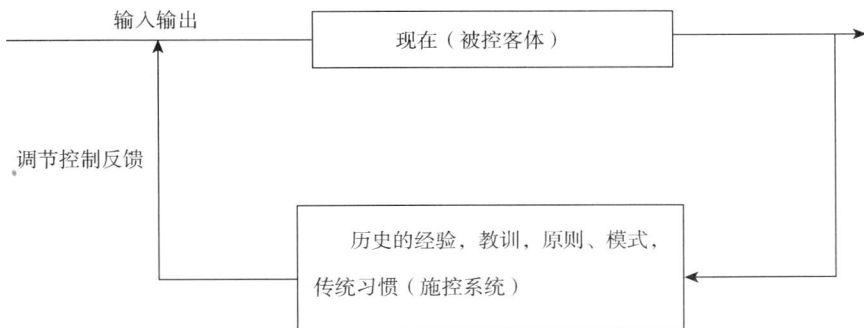

图 4－1　后馈思维的一般模式

指向性是后馈思维特有的突出特质。通常情况下，思维都具有一定的指向性然后区别在于，后馈思维则让历史在现在发展中重现的指向性思维。它的核心总是反映历史的某个时间段或者发生的事情，这样的一个思维过程就是体现在"忆往昔""某种情况再次发生"。后馈思维的指向性产生两种结果：一种是积极的表现，因为对现有情况缺点和不断的不如意，所以致力于改变现在依据原有的成功经验和优良传统；因为，创造必须在原有特定的事务基础上进行。历史"完美无瑕""重古轻今"是后馈思维的另一种指向性，它的消极意义在于以历史来"今变"现在。具体问题具体分析。想要了解某些已经发生了的事情的不清晰的一些细节，当一件事情已经发生，就需要运用这种后馈思维的方式分析对现有的现象。因为，人们可以通过后馈思维进行适当的还原性的模拟工作。

后馈思维既含有消极因素又含有积极因素。我们要运用它的积极作用，以事实真理为依据，正视传统的文化遗产的作用，以实现思维的创造性。

四、善于变换思维角度

创业者只有恰当地改变思维的方向、换位思考才能在创新、创业工作中实现创造性思维。传统的思维是一种积极的思维方式，要变换思维角度，就要采用逆向思维、侧向思维和合向思维、水平思考法，并且增加思维方式，以及思维的多样性。下面就逐一分析上述几种思维方法。

（一）逆向思维

逆向思维也叫反向思维，这种创造性思维要求思考问题的时候，从事物的反面或对立面出发。逆向思维与正向思维正好是相反的。正向思维是指人们从正面出发去思考和解决问题，同时要借鉴前的的知识和经验，接受前人理论的指导。在日常思考和科学研究中正向思维具有很重要的意义。在人们思考问题时，由于受心理倾向、心理定式的影响，采用固定思路可能性很大，但是同一种思路被运用第二次的概率却很低。众多思想中不同的观念之间已经建立起了联系，并且他们往往密不可分，这就导致思维很难打破这种必然的联系，从而形成了一种固定的思维模式，即习惯性思路或思维定式，如"守株待兔"的千古笑谈就是其中一例。

逆向思维则需要突破这种习惯性思路或思维定式。这种思维方法是通过事物常规的反方面去探索思考问题和解决问题的。根据唯物辩证法的基本原理，事物间既有正面联系也有反面联系。所以，形成逆向思维的基础就要求：人们要同时看到事物的正反两个方面，同时兼具前面和后面，外面和里面也是看待事物要注意的。

大多数人的思维还是正向思维，即分析和思考问题的时候会以以往的经验、知识、理论为依据。正向思维是人类历史悠久和时代传承的文明的原动力，也是每一个体系得以逐步完善的根本所在。但是，受负效应的影响，人们也形成了思维定式或习惯思路：经验随着知识的积累也越来越丰富，这也导致思维的顽固化，越来越较真，陈旧而不新颖。心中的逆向思维得以巨大发挥才可以成为天才或是高智商的人。反之，一个不懂得逆向思维的人，即使有着丰富的知识或经验，遇用单一的思路考虑问题，最后都会走到死角出不来。由此可见，开阔人们的思路采用逆向思维是至关重要的。

逆向思维就如同开汽车需要学会倒车技术一样。钻进死胡同的车如果不会倒车技术是不可能出来的。思维有时候也会走入死角难以解脱，要想出来就必须学会运用逆向思维。逆向思维不总是被运用到，这就好比开车的时候倒车技术不常用一样，但是有需要的时候必须运逆向思维，否则很难冲破逆境。

逆向思维通常为思维逻辑逆推、方向、位置、顺序等的逆向思考。应用到实践中的表现方式主要为：1. 思维逻辑逆推。解决问题时候以结果为导向，通过结果从而找到解决问题的方法，即思维逻辑逆推。2. 方向反向。就是解决问题的时候运用改变事物方向的方法。我国北宋大臣、史学家司马光在幼年时候砸碎水缸就是一个成功的典型实例，通过反方向，逆方向思维方法来救人。3. 位置反向。所谓位置反向就是通过改变事物中组成部分所处的位置来解决问题。4. 顺序反向。解决问题的方法是通过改变事物的原有顺序。5. 优缺点反向。中国有句古话，叫作"有则改之，无则加勉"。言外之意，要及时纠正错误和不足；如果没有，也要谦虚的吸取经验并且时刻警示自己避免类似的错误出现。所以，人们常常会抱有不支持的态度一旦提及"缺点。缺点一般都不太受欢迎。世上没有绝对完美的事物，事物都有两面性，所以有缺点是很正常的。如果我们能够用积极的思维去对待缺点，找到缺点中可以加以利用的部分，既能最大程度的降低损失，也能收获到意外的效果。6. 无用、有用反向。无用、有用反向就是把无用之物变成有用之物，生活中有很多物品因为找到其新的利用价值而变成再次发挥使用价值，可以是这是重复利用，开发新价值。目前高校中经常组织的头脑奥林匹克（OM）竞赛就有一项原则，鼓励使用废弃物作为比赛用材料，这样做既可以提高学生的节约意识，也可以体现创造性的思维。①

应用逆向思维要注意以下几方面的问题：第一，逆向思维是有局限性的，这体现在要不违背逆向思维的方便性原则，正向思维能够充分发挥作用的前提下，通常不采用逆向思维，反之则需要适当的采取逆向思维。这一点在数学的证明中得到了充分的证实，间接证明只有在直接证明不可用的情况下才能被应用。就像反证法的运用：想要推导出逻辑者，必须在可以证明所证问题为假的前提下才可以进行；并且证明原假设论题为假，即原命题为真。反证法是进一步说明了直接证明方法，是逆向思维方法的典型应用。第二，逆向思维的作用方式是比较规范的。矛盾的反面必须与其正面建立相关的额联系，才可以运用逆向思维对事物矛盾的反面进行逆向思考，否则这种逆向思考是没有效果的。不同形式的逆向思维应用于不同的事物。第三，逆向思维的作用是有限制的。逆向思维不需要思考到任何事情，反之，正向思维更适用于比较正规的场合。比如一个学校的规章制度在制定之后，必须坚决地

① 赵金华，孙迎光. 中国高校创业教育 22 年回顾与启示［J］. 北京：现代教育管理，2012（11）：83—88.

加以执行，这与逆向思维并不矛盾。总而言之，逆向思维并不是违反历史规律和客观现象，而是需要持科学的怀疑态度和叛逆精神，并且需要不断创新，而不是原地不动，犹豫不决。

（二）侧向思维

所谓侧向思维是一种新的创造性思维方法，它是很遥远的事物上获得启迪，并且发挥想象建立联系，从而产生一种新的设想。

思考者改变思维方向的过程中依据从前的知识、经验或某一指导原则，进而找出解决问题方法的指导方向，迅速地作出选择抛开其他方向，只根据这一方向进行思考和研究的思维方法。这种典型的侧向思维方法被称为直接定向强方法。这种方法可以用公式 $A \rightarrow X \rightarrow Fa$ 来表示。其中 A 为已知材料，X 为新现象，Fa 为答案。思考者能够快速地辨别该新现象的形式并判断出已有材料中包含的答案 Fa，依据的就是新现象 X 与已知材料 A 之间的关系，通过这一方向能够找到正确答案，避免用别的方法多走弯路。

在人类历史的早期或者刚刚被探索的新领域，通常能因为缺少指导性的经验或者不具备充足的专业知识，人们别无选择只能通过对比、剖析、试错、修改多个可能性的关系，从而最终找到解决问题需要的思维方法。这种方法被称为试错方法，也被称为无定向探试弱方法。与直接定向强方法相对应的就是无定向探试弱方法。可用公式 $A \rightarrow X \rightarrow Fa \rightarrow B$、C、D……来表示。其中 x 为新现象，Fa 表示受阻，从现有材料 A 找不到正确答案，只有抛开现有的材料 A，并且根据与 A 不同的信息 B、C、D……进行不断探试和选择，最终甄选出正确的答案。无定向探试弱方法的主要特点是尝试和易变性，虽然思维效率可能不高，夹杂着几分风险，但是选择信息的空间很广，发挥的好可能会有突破性的创造。无定向探试弱方法常用于那些长时间停留在创造者脑海中非常规、高难度的创造性课题。面对这类课题，许多常规的、定向的思维方法却难以适用，取不到很好的效果，所以必须用无定向探试弱方法来解决，然后进行持续的摸索，取得突破性的创造。必须说明的是，无定向探试弱方法虽然是一种试探性的、自由度很高的思维方法，但这不代表可以凭空、大胆的使用该方法，否则将前功尽弃。

趋势外推法是侧向思维方法的另一种实用方法。趋势外推法又称趋势外括法或趋势分析法，是一种属于探索型预测的思维方法。趋势外推法的前提是：在没有特殊情况发生的前提下，过去发生的某一事在将来还会持续进行，它的主要根据来源于事物在过去发展到现在再发展到未来的因果联系，判定人们只要认识了这种规律，就可以预见未来。所以在运用趋势外推法时，并不会具体规定事物的未来环境，源于这样一种假说，即影响过去时期发展的主体因素和趋势，在推测时期中是保持不变的，或可以找到其变化的趋势和方向。因而未来仍将按从过去到现在的趋势发展下去，人们也就可以从现实的可能出发，从现在推向未来。

趋势外推法是以普遍联系为其理论根据的。根据普遍联系的观点，客观世界的事物都是具有相关性的，相互影响的。从横向看，每一事物不仅处于普遍联系的链条中，还是普遍联系的一个环节，适当的认识和把握其中一个环节，有利于正确认知其他的事物；从纵向看，每一事物都有向过去、现在和将来的这样的自身发展历程。趋势外推法分为两种：第一种，趋势外推预测事物发展的通常依据横向联系方法。第二种，"趋势外推"不足以更全面的实现侧向思维；促进思维方向转移的更有效方式就是增加外界的刺激。寻求诱因是以某种信息为媒介，从而刺激、启发大脑而产生灵感的创造性思维方法。

找寻诱因的方法同常是通过某个偶然事件（信息）实现的，通过刺激大脑而产生联想，瞬间顿悟，产生创造性的新设想而解决问题。诱发因素在解决一个很困惑的问题时是至关重要的，所谓"一触即发"，就包含了诱因的媒触作用。

从浅层次分析、所有问题都可以通过诱因来解决；而实际上，诱因并不能子在引发侧向思维中起决定作用。保持高度警惕和积极调动自己的固有知识来处理诱因是很必要的。而侧向思维并不是适用于所有的情况，需要具备一定的条件。这个条件就是：所研究的问题必须成为研究者持续追求、坚持不变的研究目标，一直挂记心中。只有在这种情况下，人的大脑皮层才会建立起一个相应的优势灶。基于优势灶的两个基本特征，即提升神经细胞对刺激的敏感性和维持脑细胞长久的亢奋状态，因而，使受到某个偶然事件影响的侧向思维之间产生相联系的反应而并对所研究的问题产生新的设想，或者提出新的问题，在创造活动中发挥侧向思维的重要作用。

（三）合向思维

所谓合向思维又可以成为合并思维法、组合法，即汇总组合有关思考对象相关额部分功能或特征，并产生新设想的一种创造思考方法。合向思维法是一种简单实用的创造性构思法，表现在不同领域中的形式形态各异，常用的合向思维表现为以下两种类型：

第一，"辏合显同"法。所谓"辏合显同"法是通过把原来不工整的、非相联的材料聚合在一起，再从中抽象出一种反映它们本质的新特征的创造性思维活动和方法。"辏"，原是指车轮聚集到中心上，后发展为聚集，"辏合显同"就是根据一定的标准把所感知到的对象"集合"起来，彰显出它们的同性和特质。"辏合显同"法分为下述几种类型：第一种，审视法。这是"辏合显同"的先决条件，即用审视的眼光去剖析要研究的对象，给能够显同奠定基石。只要我们能抽象概括出研究对象的形态、属性、结构、功能以及运动过程，即使是各式各样、形态各异的事物，都能发现他们的共性。第二种，综合法。通过综合考察，分析研究并且组合原有的不规整的、零散的材料，就能总结出创造性效果的方法。第三种，集注法。即全神贯注于研究对象的思考方法。在进行按"辏合显同"的思维活动时，必须对大量杂乱零散的材料进行"去粗取精、去伪存真、由此及彼、由表及里"的加工改造制作，即要选择材料、鉴别材料、联系材料和深化材料，只有这样，才能抓住不同事物的相同本质和规律。

第二，添加法。所谓添加法就是添加某种东西在现有的事物上，从而产生新设想的一种思维方法。添加法主体概念是，按需解决问题，根据中心词"添加"，提出一连串相关的设问：假如扩大、附加、增加会怎么样？能否增加频率、尺寸、强度？能否加倍、扩大若干倍？通过这些提问能增加探索领域扩展性，使人们的视野更开阔，令人们思路受到启迪，进而达到迸发新设想，获得创造发明成功的目的。橡胶工厂大量使用的黏合剂通常装在一加仑的马口铁桶中出售，使用后便扔掉。"为什么不用更大的包装呢？"有位工人建议黏合剂装在 50 加仑的容器内，容器可反复使用，结果节省了大量马口铁。

合向思维貌似容易，但是想要成为空前绝后、新型的方式就要尽可能地组合不同质的、意想不到的东西。合向思维被大范围应用，既能够合并不同的物体，进而创造出一系列新产品，也能把某种科学技术同各种方法进行组合，从而形成一种新的解决问题的方法。

（四）水平思考法

垂直的思维方法在人们在思考问题过程中比较常见。只有改变思维习惯才可能创造出更大的成果，通过分析未解问题所有相关要素，新的思考体系应运而生，这就是水平思考法，而上述案例就是一个典型的应用水平思考法解决问题的实例。水平思考法与逆向思维、侧向思维、合向思维存在很多相同之处，但从本质上说又是上述三种思维的综合。

提出水平思考法的英国学者爱德华·德·波诺认为："水平思维与认知联系关系密切。我们试图在水平思维种提出一些不同的观点。所有观点都是正确的，可以同时存在的。不同的观点不是从彼此中衍生出来，而是独立产生的。如此说来，水平思维与探索相关，就像认知相关于探索。你从不同的角度去拍摄一幢大楼。每个角度都是真实的。因此，从两种意义的角度出发来应用水平思维。广义和狭义之分。狭义：能够改变并产生新的概念和认知的一套系统有效的方法。广义：探索多种可能性和方法，而不是追求单一的方法。"①

以逻辑学和数学为基础的"垂直思考"的前提下提出了"水平思考"。垂直思考要通过进一步的分析，既不能被超越，也不可出现步骤错误。就好比掘井碰到石头时，不再继续往下挖，而是换个地方再挖。水平思考法即不具有非逻辑性又不具有因果性，而是属于超越性的一种思维方法。"事实"和"是什么"是常规逻辑所关心的。"可能性"和"可能是什么"是水平思维和认知同样关注的。在现在的信息产业界，"模糊逻辑"已经被作为这类信息处理的正规概念，因为没有准确的对错限制。水平思维、改变概念和认知之间紧密相连。在某些方面，改变概念和认知是与新想法有关的创造的基础。这不同于和与艺术表达有关的创造。水平思维是基于自我组织的信息系统的行为。因此，广泛的概括，水平思维、探索认知和概念之间存在关联性，但是从狭义或创新的意义角度出发，它与改变认知和概念有关。

水平思维方法的有些方面很具有常规逻辑性，另一方面很多共同点存在于水平思维方法与发散思维中。，一般思考者的思维在使用水平思维方法解决问题过程中需要做出一个非常简短的有意识或无意识的停顿，来找到可能的替换方案或其他的做事方法。在思考或讨论一般问题时，有许多事被认为理所当然。停顿的本质主要是在创造性地解决问题的过程中让思考者稍作停顿去考虑某件事。人们在考虑常规问题的时候尽能够考虑被研究问题的状况、障碍以及解决办法。只有找到别人没有注意到的事情获取思路才能够完成创造性地解决问题。水平思维最基础的策略是创造性的质疑。创造性质疑的核心理念是："这是唯一可能的方法吗？"创造性地质疑，假定由于过去存在、现在可能存在也可能不存在的原因，我们以某种方式完成了某件事。但是，更好的做事方法或许也似存在的。创造性的质疑既能针对事情本身，或者针对关于这件事的传统思维，和针对随时进行的思考。通过质疑，可能忽视的方面和忘记的解决方法都可能被重新找到。

不但运用水平思维方法可以解决问题，还可以选择并使用替换方案，它是水平思维的核心。选择并启用替换方案是指思考者在没有特别需要的情况下，停下来寻找替换方案；或者在下一步合理而有效时停下来寻找替换方案；全力以赴的找到更多替换方案、并且不能够停止在已经找到的替换方案中不思前进（对于实际的事情，在搜索中需要有中断点）。通过改变状况、而不是满足于"分析"给定的状况来"设计"新的替换方案，从而更好地解决问题。人们在过没有桥的河时，往往会

---

① 德华·德·波诺．严肃的创造力——运用水平思考法获得创意［M］．北京：新华出版社，2003．

选择一块可以用脚去踩踏的石头，这块石头就被称为垫脚石。使用水平思维方法解决问题时，要使用垫脚石，即在思考问题时，一定要以旧有的方法为基础，因为根据否定之否定原理，任何新方法都是以原有的方法为基础，吸收原有方法的优点，对原有方法的缺点和不足进行扬弃和改进。这样，就会产生新的有益的方法，并最终获得最佳的解决问题的方案。

第五章 基于互联网视角下高校创新创业的营销新挑战

第一节 搜索引擎的优化

网络营销的形式各种各样，而搜索引擎优化策略这种形式帮助企业优化网页搜索中的关键词、内容和链接，更直观的吸引各大网媒的注意力，及时吸引大众的眼球，争夺排名，提高点击率，最终实现提高企业形象、推广网站的目的。

一、搜索引擎的运作机制

搜索引擎可以为用户提供检索服务，这种系统可以把相关的用户检索信息展示给用户。搜索引擎将帮助用户从互联网收集信息，然后根据相应的策略和特定计算机程序的移动来整合和处理信息。

搜索引擎是通过下面的4个步骤正常运行的。

（一）爬行和抓取

搜索引擎派送出"蜘蛛"程序，这个程序用来在网络上找到新的网页，同时能抓取想要利用的文件。一般情况下，本程序搜索引擎整个过程类似于"爬行"这一行为。开始于已经存在的数据库，在浏览网页的过程中提取所需文件（提取的这个界面与浏览的界面完全一致），并且持续访问较多的网页，同时也追踪这些链接。数据空中储存的访问过程中新的网址等待着下一次的提取。其实换言之也可以理解为搜索引擎有一个最基本的功能，那就是追踪网页链接，与此同时，搜索引擎优化的核心功能之一就是反向的网页链接追踪。

（二）进行索引

索引就是通过解析"蜘蛛"抓取的页面文件，并以巨大表格的形式存入数据库。与页面文本密切相关的所有内容都会被索引数据库记录其中，甚至字体、颜色、位置、斜体和粗细这样详细的信息都会被一一记录。

（三）处理搜索词

用户在搜索引擎界面上输入想要搜索的相关信息的关键词，再点"搜索"按钮，搜索引擎程序会根据关键词，假如关键词中不存在错别字或拼写错误，搜索引擎会直接搜索，如果需要对关键词进行整合搜索，那么会先对搜索词进行快速处理。

（四）进行排序

处理完搜索词之后，搜索引擎程序立即启动，所有包含一切涵盖搜索词的网页会从索引数据库中找出来，应该排在前面的网页也能通过排名算法被计算出来，接下来通过特定格式返回到"搜索"页面。

二、搜索引擎优化概念

优化的搜索引擎，是企业进行营销的一种方法。目的是掌握搜索引擎内部运行排列的规律，进而通过对网站的优化，吸引各大媒体的关注，进行提取和记录信息，赚取点击率提升企业的形象。

迄今为止的众多网络营销形式中，之所以将搜索引擎优化称之为提升企业网站形象和极短时间内扩大影响的原因不外乎以下两点。首先最重要的原因的，大众们越来越倾心于通过各大门户网站去获取所需知识，尤其是像搜狗、百度等一些搜索引擎。其次便是这些搜索引擎真正是使大众获得切身利益，在极其有限的时间内获得所之所想。

三、搜索引擎优化相关专业术语

（一）导航

网站导航应以 html 的形式链接。这个链接是目的是为了实现网站内各个界面之间的链接，点击一个就可以返回另一个，所以各个网页之间形成紧密的联系是必不可少的。当然了我们也可以通过建立网站地图的形式来实现这一目的。

（二）首页

网站的首页不应该采用 Flash 的形式，然而文本才是正确的形式，并且文本中需要将目标关键字和短语包含在内。

（三）标签

＜title＞：＜/title＞是标题标签，标签中需要涵盖目标关键词——这是最重要的部分。

＜keywords＞：＜/keywords＞是涉及到关键词的标签。

＜description＞：＜/description＞是描述标签。

（四）PR 值算法

PR（A）＝（PR（B）/L（B）＋PR（C）/L（C）＋PR（D）/L（D）＋…＋PR（N）/L（N））q＋1－q

其中，PR（A）指一种佩奇等级（PR 值），代表网页 A。同时链接网页 A 的网页 N 的佩奇等级用（PR）PR（B）、PR（C）……PR（N）表示。代表链接的总数 N 既可以是导入链接，亦可以是反向链接，这两种链接可以来自任意一个网站。网页 N（网页 N 的导出链接数量）往其他网站链接的数量可以用 L（N）表示。并且，介于 0—1 之间的阻尼系数是 q，Google 将其设置为 0.85。

（五）站外策略

站外策略包括：归类总结策略，增加文章内容的权威性，巧妙利用新闻站点和 RSS（简易信息聚合）；利用网址站、目录站和社会化书签，合作伙伴、链接交换；利用互动平台，巧妙地留下链接，撰写文章，内容可涉及评论或答疑；利用社会关系在特定场合或利用特殊人物，借机炒作等。

四、站点排名影响因素分析

（一）正面因素

1. 关键词：关键词在 title 和网页内容的应用；页面内容和关键词的相关瞰语义分析；关键词的使用分别分列在 H1、H2、H3 标签中、网站域名中、页面 URL 中、MetaDescription 中、MetaDescription 中等等。

2. 外部链接：外部链接的锚文字、创建和更新时间；还有外部链接页面的主题性和外部链接页面本身的链接流行度、另外外部链接页面在相关主题的网站社区中的链接流行度，加上外部链接网站的 PR 值等等。

3. 网站品质：网站的外部链接知名度、扩展度；域名年数（从被搜索引擎索引开始计算），还有网站收录数量；用户查询的关键词与网站主题的相关性；域名的特殊性（. edu. gov 等）；网站收录数量；用户查询的关键词与网站主题的相关性等。

4. 页面质量：网站内部链接结构；页面的使用年数；页面内容的品质和网站的结构层次；还包括 URL 中 "/" 符号出现多少次；拼写和语法是否准确；html 代码能否通过 W3C 认证，等等。

（二）负面因素

1. 服务器经常无法响应。
2. 链向劣质的或无用站点。
3. Meta 标签在网站的大量网页中重复出现。
4. 过多使用关键词。
5. 涉及链接工厂或者大量链接被出售。
6. 服务器运行时间过长。
7. 在网页中的主要 Meta 多次被更改。
8. 非常低的流量并且用户行为反响恶劣。

五、搜索引擎不优化的网站特征点

1. 图片或者 flash 等富媒体（RichMedia）N 式在网页中被多次使用，并且无法获取可以检索的文本信息，而且 SEO 最基本的就是两种：文章 SEO 和图片 SEO。
2. 标题没有在网页中显示，或者在标题中并相关有用的关键词。
3. 在网页正文中很少出现有用关键词（最好自然而着重分布，不需要刻意的堆砌关键词）。
4. 搜索引擎无法清晰识别. 网站导航系统。
5. 搜索引擎检索被大量动态网页索干扰。
6. 没有其他可以提供的网站链接（这些链接已经被搜索引擎收录）。
7. 像 "过渡页" "桥页" 颜色与背景色相同的文字这些垃圾信息出现在网站中，并且欺骗了搜索引擎。
8. 网站中缺少原创的灵感并且完全生搬硬套别人的内容等。

六、搜索引擎优化步骤

搜索引擎技术需要足够的耐力还有精细的脑力劳动，绝不是简短的几个意见。

基本上，搜索引擎优化主要分为如下 8 个步骤。

（一）关键词分析（也叫关键词定位）

关键词分析是搜索引擎优化的最重要的部分，关键词分析的内容主要有：对竞争对手和关键词关注量的分析、关键词和网站相关分析、关键词排名预测、关键字放置。

（二）网站架构分析

搜索引擎优化的好与否，除了关键词分析，也要看网站结构是不是与"爬虫"的喜好相符合，网站结构分析主要有三个方面的内容——删除网站结构不良设计，完成树状目录结构以及导航与链接优化。

（三）网站目录和页面优化

搜索引擎优化能够使网站首页在搜索引擎中排列的名次靠前，更重要的是，网站的每个页面都能在浏览中带来流量消耗。

（四）内容发布和链接布置

网站内容定时更新能够得到搜索引擎的青睐，因此搜索引擎优化的重要技巧之一就是能够合理安排网站内容发布日程。链接布置有效的联系起整个网站，能够让搜索引擎知道每个网页的重要性和关键词，并且第一点的关键词是实施参考布置。在这个时候也展开友情链接战役。

（五）与搜索引擎对话

把尚未收录的站点提交给各大搜索引擎登录入口。搜索引擎优化的效果可以在搜索引擎中看到，并且站点的收录和更新情况可以在 site：网站域名了解到。同时通过 domain：网站域名或者 link：网站域名，也知道站点的反向链接情况。使用 Google 网站管理员工具能够更好的实现与搜索引擎的对接。

（六）建立网站地图

网站地图的绘制依据是网站结构，网站和搜索引擎之间可以通过绘制地图联系更加密切。Site Map 可以帮助搜索引擎访问站点包含的所有网页和栏目。

（七）高质量的友情链援

高品质的友情链接，可以提升网站 PR 值和更新率，这是搜索引擎优化过程中非常重要的问题。

（八）网站流量分析

根据搜索引擎搜索的结果，对网站流量的分析能够促进搜索引擎优化进行优化，也能使使用网站的用户体验到引擎优化。常见的比较好用的流量分析工具包括：流量分析工具、Google Analytics 分析工具、百度统计分析工具。①

---

① 魏炜，朱武祥，林桂平. 商业模式的经济解释：深度解构商业模式密码［M］. 北京：机械工业出版社，2015.

第二节　微博、微信公众号营销

一、微博营销

微博是微博客的简称，是一个基于用户关系信息共享的平台，同时能够传播和获取信息。用户可以通过 WEB，WAP 和各种客户端来组建个人社区，并可以更新 140 个字的信息，实现立即共享。

微博客最主要的特点就是集成化和开放化，用户可以通过手机、IM 软件（Gtalk、MSN、QQ、Skype）和外部 API 接口等途径向微博客发布消息。

比较博客的"被动"关注，微博的关注则恰恰相反，显得比较主动，只要轻点跟随，这就意味着你愿意关注被即时更新的用户信息；以此来说，它的研究价值更体现在商业推广、和明星效应的传播上。

微博所涉及影响面的提升和用户规模不断扩大，人气与目光的集聚自然代表着巨大的营销价值，微博逐渐成为企业营销的新工具。

例如："品牌频道"被 Twitter 开发出来了，内容如下。

1. 在 Twitter 构建品牌页面以后，多样化的品牌小组也要组建，并且实现把同样品牌的粉丝聚集在一起。

2. 用户可以接收到企业通过平台发送来的各种新品及促销信息，Twitter 的即时性和分享性让一个消息可以迅速传播到志同道合的朋友圈里。

3. 用户之间的问题也可以进行沟通，信息也能够传播给他们的好友。

（一）微博营销简介

微博作为一种有效的网络营销工具，主要体现在微博的运营商与企业一起合作策划，目的是针对新产品和品牌进行积极的网络营销，主要通过企业微博、代言人微博、用户微博的形式。

1. 微博营销的特点

（1）立体化。微博主要借助各样性的多媒体技术手段对产品进行描述，主要表现形式是文字、图片、视频等，继而能让潜在消费者接受的信息更加形象化。

（2）高速度。传播迅速是微博最主要的特点。在各互联网平台上发出的关注度高的微博快速地被转发后，微博用户便很容易地看到微博信息。

（3）便捷性。微博营销相较于传统推广的优点在于，节省了大量的时间和成本，源于松懈的审批程序。

（4）广泛性。病毒式传播主要通过粉丝形式进行，同时明星效应能几何级放大事件传播。

（5）高效率。针对企业产品的常见问题解答（FAQ），提高效率，并且能快速帮助客户建立互相了解的通道。

2. 微博营销的目的

（1）创建并促进品牌的传播。

（2）促进提高行业的影响力和号召力，传播企业价值观的同时促进行业的发展。

（3）产品宣传和市场份额占比。

（4）挖掘潜在客户，准确沟通销售，实现客户转型和订单额，多角度剖析营销结果。

（5）企业和政府的口碑实时监测，确保危机公关。

（6）自媒体宣传，产品广告营销活动宣传。

3. 微博营销分类

（1）企业微博营销

微博具有巨大的商业价值。微博营销是推广企业新品牌的有效手段，具有比传统广告效应更广泛的特点，除了做好企业公关，商家也能够通过微博与消费者沟通地更加方便快捷。

（2）政府组织微博营销

微博社交化媒体的低成本、高效性，易沟通等优势，还是颇受政府青睐的。政府可以借助微博营销的时效性及时掌握民情，控制舆论的导向，赢得群众的信赖。

（3）名人微博营销

微博虽"微"，但名人微博不"微"。名人的微博下的粉丝人数是"名人效应"最直接的体现方式。千万不可低估粉丝的关注人数，往往就是粉丝的关注度直接决定着明星的知名度及各商家评定代言人或合作对象的重要依据之一。当然了明星们在为企业做宣传的同时，也是一个吸粉的过程，最终将实现自身营销的目的。

（4）专职营销微博

利用 140 字的内容直接传达某产品的使用效果、销售信息等。一般为了避免广告信息的单一性，这类微博惯用的名称多为"精选语录""全球时尚""星座宝典"

"欧美街拍""时尚人气排行"等，在平常发布的信息也是围绕这类话题，去吸引粉丝们，进而达到间接发布广告的目的。

（二）微博营销流程

微博营销可以分为狭义和广义。

狭义的微博营销主要是指利用红人微博（粉丝量高的草根微博账号为主）和海量的普通账号进行直发或者转发的营销行为。目前微博红人资源主要是指新浪微博排行榜上的内容类账号，粉丝基本都在百万以上，这些账号的粉丝数量含有一定的水分，但其信息覆盖面的能力还是不容忽视的。

广义的微博营销主要是指基于微博平台的整合性营销行为，涵盖红人微博转发、微博活动策划、微博内容运营、微博外部推广、微博价值分析、微博托管运营、基本信息构建（标签、简介、域名、背景）等。市面上主流的微博营销等于"关系＋分享＋互动"，如表5－1所示。

表 5－1　微博营销流程

定位	倾听	分享	互动	评估
公司的营销战略将决定企业微博营销的定位	Online 善于从较为有影响力的沟通与交流中挖掘出有价值的信息	与用户共享有价值的信息，而不是单纯的打广告	时常与用户保持互动、沟通	借助网站和媒体的分析功能，对获取的信息及对话进行实时的检测、评估、分析、追踪优化

实现利益最大化永远是企业运行的最终目的。所以企业运用微博的最后目的也是借助微博这一渠道来提供知名度，最终将自己所销售的产品推销出去，赚取利润。但是其实从本质上分析如若没有相对稳定的消费群体，微博营销是很难实现盈利的一种途径。因为微博上信息量大，网友们也较多，难以从众多的信息中直观的了解商品，再加上被新信息替换的速度快，总体来讲还不是最优的渠道。当然了如果有稳定的客户群体，能及时更新沟通交流，多做宣传，还是可以尝试一下。具体的实战流程如下。

1. 微博账号的建立

（1）账号的开通

腾讯、新浪、网易、搜狐等多个门户网站都有微博平台。新浪用户群以职业白领偏多，腾讯用户群相对年轻化。企业可根据自身的特点来选择更具营销价值的门户网站开通微博。

（2）微博修饰

①微博名称：精简、好记、以企业和品牌名称命名最为恰当。

②个性域名：最好以企业、品牌中英文命名，不能被重复注册。

③头像：最好用企业或产品的标识。

④背景：简短、易识别，设计符合微博的尺寸，使其最大限度的扩大广告效应。

⑤标签：公司、人群定位和产品设置都有相关的关键词，如此一来，潜在用户搜索起来就十分便捷。

（3）认证企业微博

为了提高诚信度、以防混淆，要进行企业品牌微博认证。依据微博官方的要求编排认证流程。

2. 日常运营

（1）内容拟定

①有序的发布时间。避免发布的随意性，每天早上 9 点至晚上 23 点之间发布内容最为适宜，或者以固定的时间间隔来发布。抑或根据企业用户的时间和习惯合理安排时间。

②信息的采集和制作。企业每天发布的信息至关重要。一般可以通过类似于"#早安#"和"#晚安#"这样的亲切问候语言并且配以图片，来拉近与用户之间的距离。另外所发布的信息必须是原创的，当然了可以适当的从微信、微博以及博客论坛等渠道上摘录一些与企业人群相关的内容，切记全部生搬硬套。

③信息发布。一般于工作日 9：00—22：30 发布信息，发布信息间隔时间为一小时，如遇特殊情况可以灵活掌握。

④信息维护。要及时回复用户们的评论，并且进行定时转发。对于一个肆意散播恶意中伤的评论，要做好沟通并且进行适时的删除。

（2）活动筹划

微博活动主要有两种：微博平台活动和企业自建的活动。

①新浪平台活动。以微博活动平台发起的活动为基础，一些活动会通过新浪的抽奖系统自动抽奖，比如有奖转发、砸金蛋等。

②企业自建活动：在微博中各企业自行组织的活动，例如多样的主题活动，转发得奖品、有奖晒单、建楼、随手拍等。主要有两种形式，一种为联合活动，即和其他的企业联手举办的，另一种是独立活动，即本企业自发组织的。

活动技巧：标题、奖品、中奖率吸引人，普遍适用潜在客户。

企业自建活动的进程顺序：

①拟定标题；

②策划活动的主要内容，比如活动举办的具体时间、举办方式、活动由谁负责、提前准备的礼物、如何给活动做宣传；

③活动开始及持续下去，取得的效果，继续与参与者保持互动；

④将活动的最终结果公布并派发奖品等；

⑤记录好活动过程的分析数据，如活动分析，转发、评论、粉丝数、ROI 等。

（3）整理客户

微博其实是一个方便企业和用户进行沟通的平台，了解用户的需求并与用户保持互动。像处理投诉意见、粉丝互动、建议咨询、派发活动奖品通知等都是微博客户管理的主要工作。

①处理投诉。要及时回应和解决投诉，以免事情在网上形成滚雪球效应，否则日后处理会很棘手，而且会影响企业形象。

②粉丝互动。在看到粉丝的留言或者评论后，需以最快的速度进行回复。

③咨询问答。如若用户提出了问题，需要及时予以回复解决。

④派发奖券和奖品。

⑤通过调查问卷的形式去收集用户的建议。

（4）微博宣传

微博像各大企业的官网一样，想要多加宣传，就必须通过各种方式，我们将微博推广的方式总结为两类：站内推广和站外推广。

以下为站内推广的主要方式：

①通过新浪平台和自己举办的活动吸引更多的粉丝积极参加，以达到提高搜索度的目的。

②用草根账号发送信息，花钱请大号帮助推送。

③各企业之间联合，或者与微博平台举办活动，设置奖品以吸引更多用户参与。

④开发微博应用软件，吸引更多用户参与其中，顺便推送企业的微博。

⑤使用户可以搜索到关联的关键词，引起用户的注意，促进用户主动关注。

站外推广主要有以下方式：

①在博客、论坛、贴吧等网页均可发布企业的微博信息。

②通过"官网添加一键关注、关注、分享"等微博中的按钮选项可以推送微博组件。

③企业可以将微博的相关信息打印在名片、DM 宣传册上以推广信息。

（5）商务联合

为了营销工作的持续发展，在企业微博营销的过程中，难免要与合作方、第三方服务公司等联合开展一些商务合作，主要表现为以下方面。

经常组织一些类似于 APP 应用合作等类型的商务类合作，加强双方之间的互动沟通。

类似于异也合作，目的是和其他企业建立一种长期互动、友好沟通的链条。

③善于与像微博代运营公司、微博营销分析工具供应商这样的第三方服务合作。

④加强行业之间的沟通联系，积极参加业内组织的一些商务活动、会议。

（6）运营方案

微博营销方式是实时动态的，许多数据都在不断变化，比如评论转发数、粉丝数、订单量、微博数、流量等。在关注自己微博动态的同时，也应该观察分析同行业微博的相关情况。运营日志分为微博日志、活动报表，其中是最主要的是微博日志，记录要每天及时进行更新，可以每周汇报一次活动报表。

①依据公司情况更新微博日志，其中包含粉丝增加的量（增长率）、日发博客数、评论转发数、搜索结果数（增长率）、订单数、IP（PV）、活动数量等。

②活动报表，报表中详细的资料，有利于企业定时分析活动类型、活动时间、粉丝人数及波动趋势、转发评论数等参数，依据分析结论实施做出策略调整。一般一周为一个分析周期。

3. 数据分析

从微博到企业整个链条运行下来会涉及庞大的数据。微博平台会有发博数、关注数、转发回复数以及粉丝数，再以时间为单位所统计的各类平均数；微博营销运营则会以粉丝活跃度、粉丝质量、微博活跃度等指标考察运行质量。最后企业也会依据粉丝增长数、搜索结果数、销售/订单、PV/IP（PV 指页面浏览量）、转发数、评论数去评估公司 KPI 指标。

（1）部分指标说明

①粉丝数。可以真实反映微博人气的关注人数。

②关注数。微博被关注的数量是有限制的，并不是无限制的关注，一般日关注不可超过 500 人，总关注数不超过 2000 人。

③评论数。通常情况下，微博内容的质量好与坏、是否受欢迎其实与粉丝的响应度有密不可分的关系。

④转发数。一旦用户对微博内容实行第二次的分享转发，那么不仅体现了高质量的微博内容，更反映出用户的喜爱程度。

⑤平均转发数。一般会以日或月为单位计算平均转发数。即用转发信息的总数，除以所有的信息总数，然后以日为单位除以天数，以月为单位除以月数，（每条转发的次数）平均回复数的道理与此相同。微博内容的质量关系到平均转发数（评论数）和粉丝总数，想要实现转发数和评论数越来越高，就要因此增加粉丝数量，同时微博内容越要符合用户的需求。统计这个数据是非常有意义的。在体现总粉丝量、内容和粉丝品质好坏的用时，也可以根据粉丝基数的大小，评判出转发数、内容相似度以及目标群体数的波动情况。

⑥粉丝活跃度。微博信息的平均转发数或回复数直接决定着粉丝的互动程度和出勤率。

⑦微博的活跃度。与其他微博进行对比，对企业来说，微博活跃度可以用来理性地分析微博营销的效果。

⑧搜索结果数。根据用户在微博搜索栏中搜索到的信息，直接分析出企业被提及的数量以及哪些产品是深得用户喜爱的。

（2）日常报表

依据公司情况制定报表的内容，主要包含日发博客数、粉丝增加的量（增长率）、搜索结果数（增长率）、IP（PV）、评论转发数、订单数、活动数量等。

（3）活动分析

每周分析一次活动，比如活动的类型、有多少用户评论并转发、具体时间、分数数的增长情况、有多少人参与其中、所设立的奖品的价格、ROI 等必要条件会在报表中体现。

（4）粉丝分析

粉丝分析主要包括一下内容：性别、所在地区、粉丝的粉丝比例、活跃程度等数据。目前一些企业的微博分析工具中的指标主要有：影响力、吸睛数、曝光率等，这些数据的统计基础其实也是之前的相关数据，只限参考。

4. 团队构建

（1）团队构架

根据微博运营流程分析，团队构架主要包括：CWO（运营负责人）、BD（商务拓展专员）、活动策划、文员、活动策划、客户服务人员、美工编辑，但是具体有哪些人员需要根据每个公司的不同情况来定。

（2）成员考核

团队成员根据日常报告分析他们的日常工作。微博的运营工作在团队中都是密不可分的，在考核的时候要看整体的团队指标（如粉丝数、搜索结果数、订单或销量、活动数量），而不是单独的根据个人的关键绩效指标（KPD）进行考核，依照公司的具体情况，也要具体重点分析每个人对应的指标。

5. 微矩阵建设

微矩阵是必备的，不同微博的工作关注点也不尽相同。通常基于微博定位和功能分类，如果客户管理、生产销售、公共关系或品牌沟通这些功能无法准确定位，不但微矩阵不能很好地形成，也会影响到主微博的运营，因为微博的定位本身决定了活动策划、微博内容更新和粉丝互动。常见的 3 种微矩阵形式。

（1）阿迪达斯的蒲公英式适用于旗下有许多子品牌的集团。

（2）放射式模式。一个核心账号中涵盖着许多分属账号，各分属账号之间完全平等，它们得到的来源于核心账号的信息也均是平行的。这种模式主要适用于地方分公司。

（3）双子星模式。即所谓了公司领导者所经营的账号与公司经营的账号所形成的互动。当然前提是双方账号影响力较大。

只具备官方账号、子账号对于企业建立统一完备的体系是不充分的，还需要具备小号。当然这个小号是与企业相关的但却不是以用企业名称命名的。比如厨房用品企业可以建立像@巧媳妇、厨房达人或者私房菜等这样的账号，把做饭技巧分享给粉丝，总的来说，小号不关联企业的产品，但是又是对企业理念的进一步诠释的，让微博内容提升一个层次，这样才会让消费者感觉到公平，潜移默化的影响着消费者。

（三）微博营销方法

只有在微博运作成功的前提下，才能体现微博的作用与商业价值。想象一下，假如你的微博粉丝很少，关注度很低，可能达到预期的效果吗？想要帮助企业准确、有效地掌握网络营销工具就要经营好企业微博，熟知企业微博的操作技巧。

1. 关注价值的传递

经营企业微博的负责人在经营的过程中一定要注重价值的传递。即转变经营观念，不能一味的"索取"，而要更多的是"给予"。因为微博从最初创立的时候就是以"给予"定位，只有能为那些浏览者创造价值了，也才真正的实现了微博的价值。当然企业也是如此。只有为粉丝们创造价值了，才能实现自身所期望的商业价值。所以，对于企业来讲认清这个因果关系才是迫在眉睫的事情。

2. 注重微博个性化

"关系""互动"是微博最为重要的两个特点。因此，尽管企业微博是以实现利益最大化为目的，但是切忌成为没有人情味的广告发布窗口。最好的方式是让关注者觉得企业的微博感性化、有深度、有反响、独树一帜。

如果浏览者觉得你微博大同小异，那么企业微博的营销就是失败的。就如同定位品牌和商品一样，必须打造个性化，只有这样的微博才可以吸引更多的粉丝，具有独一无二，无法超越的魅力，也能吸引更多的粉丝持续关注。

3. 连续性

微博就如同日新月异的电子杂志，必须按时、按量、定向的发布内容，让关注者习惯每天关注。成功的微博营销的最高境界就是当关注着登录微博后，下意识地主动关注企业的微博新动态。

4. 互动性

微博最主要的魅力在于企业与粉丝之间实时的进行沟通联系。如果一旦双方不再沟通了，那么慢慢的这些粉丝就会选择不再关注你。所以说，互动是微博能持续营销的关键因素。当然了这个互动不能是一味的广告植入式，更多的应该是分享粉丝感兴趣的事。广告一般占到 3% —5% 最佳。

微博互动的主要方式"活动内容＋奖品＋关注（转发/评论）"，实际上奖品比企业所想宣传的内容更吸引"粉丝"的眼球，和奖品相比，企业想要提升关注者情感肯定就要认真对待微博留言回复，多聆听粉丝的想法。达到情感与"利益"（奖品）的默契结合。①

5. 关注系统性布局

任意的营销模式，最终要想实现持续发展，必须要形成规模、系统的发展模式，如果单靠某一个角度就运转，是很难长久经营下去的。即使微博营销貌似操作简易、低成本，但是达到的效果不尽人意，所以多数企业并未将其作为主要的营销工具。其实随着当前互联网不断普及，微博这种全新的互动模式，还是很有潜力。就目前企业所反映的效果不明显，实际上与企业投入重视程度不足有直接的联系。因此从长远来看，要想发挥微博营销的功效就得将其纳入营销规划之中。

6. 注重准确的定位

对于企业微博来将，微博粉丝的"数量"和"质量"哪个更为重要呢！其实严格来讲，质量更胜一筹，由于商业价值是企业要达到的最终目的，价值的主体是由这些有质量的粉丝创造的。微博的定位与此密切相关，因此许多企业抱怨：上万的微博人数却很少有人转载、留言，很难达到宣传的效果，这主要是因为定位不准确。发布微博时，企业应重点强调有关于产品潜在顾客关注的信息，而非是只考虑

---

① ［美］罗宾·蔡斯. 共享经济：重构未来商业新模式［M］. 杭州：浙江人民出版社，2015.

吸引眼球，导致吸引来的粉丝并不能为企业创造价值。这个问题在很多企业初始阶段都会遇到。陷入一味追求粉丝数量，不注重粉丝质量的误区之中。

7. 企业微博专业化

企业运用微博营销，前提一定要做好定位。即专业的定位，微博这一庞杂的信息平台，如果企业不能做到专业，倒不如不要耗费精力和钱财去投入，因为不专业的微博营销非但不能吸引关注的目光，反而这种不专业的服务会适得其反，给企业带来不利影响。一旦这种影响扩散开来，后果不堪设想。

8. 注重方法与技巧

作为企业微博，相较于在专业论坛发表一篇新闻稿来的更为有新意。建立微博平台主要是为了实现企业价值，而不是消遣娱乐。所以想要企业微博蓬勃发展并且持续发展是极其重要的。那么单单从内容这一个角度考虑还不行，还应该在技巧方法上下一些功夫。例如，设定什么样的微博话题的设定以及用什么样的表达方法。一般提问性带有悬念性的博文，更易于粉丝们积极的参与进思考和讨论之中，那么自然而言的便会调动粉丝浏览和回复的激情。关注的人也会增加。粉丝觉得索然无味，丧失阅读的兴趣。

二、公众号营销

腾讯公司开发的微信公众平台功能，完美的将企业和个人联系起来。双方都可以建立公众号，编辑一些信息实现共享，比如文字图片、语音、视频、图文。计算机端网页、移动互联网客户端都可以在微信公众平台上登录，同时也可以实现绑定私人账号进行信息群发。微信公众平台是一个自媒体平台，商家可以通过基于微信公众平台对接的微信会员管理系统展示商家微官网、微会员、微推送、微支付和微活动。微信系统很重要的一部分就是微信公众平台，微信整个板块包括个人微信、二维码、公众平台等。

（一）微信公众平台使用

1. 功能定位

微信的主要价值在于让企业的服务意识提升，在微信公众平台上，企业可以更好地提供服务，运营方案上有多种方式，如第三方开发者模式。微信功能主要有：

（1）群发推送，公众号主动推送一些重要通知或趣味内容给相关用户。

（2）自动回复，用户根据指定关键字可以从公众号自动获取相关信息。

（3）1 对 1 交流，根据用户的特殊问题，公众号会为用户 1 对 1 解读。

2. 平台类别

微信公众平台包括订阅号和服务号两种。

（1）订阅号，为用户提供信息和资讯，可以每天群发一条讯息。在用户的订阅号文件夹里可以找到来自订阅号发出的信息。用户不会立刻收到新消息提醒，在用户的通讯录中，订阅号文件夹中里会显示订阅号。

（2）服务号，主要是为了给用户提供服务。服务号给用户发送的讯息在一个月内只能发送五条。在用户的聊天列表中可以看到来自服务号的信息。用户可以立刻收到来自服务号的新消息提醒。

3. 微信公众平台的注册

（1）查找微信公众平台的入口。用计算机登录微信官网，网址 http：//mp. weixin. qq. com/。

（2）在注册时需要在注册界面填写好邮箱地址，打开邮箱及微信发来的邮件，会收到链接，点击链接激活账号。

（3）选择账号类型，一旦成功建立账号，类型不可更改，这里选择的是订阅号。

（4）认证。如果是企业申请，需要上传企业的营业执照、法人代表的身份证照片、法人手持身份证拍摄的照片。如果是个人申请，只需要个人手持身份证拍摄的照片。这里选择的是个人，需输入身份证号码、身份证姓名、运营者手机号码手持身份证照片上传、及短信验证码。

（5）公众号信息。输入账号名称、功能介绍，选择国家。

申请通过后可进入微信公众平台。可以先保存自己的微信二维码，其他人可以很方便的在关注你的公众账号时就可直接扫描二维码。微信二维码在微信软件的"设置"中的最下面。

4. 微信公众平台的使用

（1）群发信息

登录微信公众平台，在功能→群发消息→根据需要填写文字/语言/图片/视频/录音等内容后，选择群发对象、性别、群发地区，点击发送即可。

（2）申请微信认证

第一步，对于没有申请认证的订阅号和服务号，单击公众平台网页右上角登录账号旁显示的"未认证"。微信认证需要审核服务费一人次300元，单击右上角的"开通"按钮。

第二步，仔细阅读微信工众平台认证服务协议，在最下方选择同意协议，单击"下一步"按钮。

第三步，选择需要申请的类型，单击"确定"按钮。填写认证资料。微信认证的要求很严格，信息越齐全且真实就更容易审核通过。

各类型需要提交的资质材料见表 5 - 2。

表 5 - 2

企业	《组织机构代码证》《企业工商营业执照》
网店商家	《组织机构代码证》《企业工商营业执照》 等
媒体	《组织机构代码证》《企业工商营业执照》或《事业单位法人证书》；广播电视应上传《广播电视播出机构许可证》或《广播电视频道许可证》；报纸需上传《中华人民共和国报纸出版许可证》；期刊需有《中华人民共和国期刊出版许可证》；网络媒体需要提供《互联网新闻信息服务许可证》或《信息网络传播视听节目许可证》
政府及事业单位	《组织机构代码证》

最后一步，支付费用，一般 3—5 个工作日即可审核完毕。通过认证后，关注一栏会显示微信认证信息。

（二）微信公众平台开发接口介绍

服务微信用户的是公众平台，而提供服务的基础是公众平台开发接口，在公众平台网站中建立完公众号并获得接口试用特权后，开发者才可以使用。

公众平台开发接口创建的功能可以满足用户之间的消息交互、自定义菜单的交互。当用户发送信息给成功接入公众平台开发接口的公众账号，公众平台服务器会通过 http 推送已经接入网址的消息，能够能使消息成功回复，第三方服务器会通过响应包回复特定结构。

持卡人可以通过公众账号查询信用卡账单、额度和积分；既可以即时还款、申请账单分期，又可以转接人工服务；在用信用卡消费时，公众号也会免费通过消息通知到持卡人。想办卡的用户可以通过微信办卡。如若用户想要在微信上安全绑定微信号和信用卡号，可以根据招商银行公众号推送的消息进行操作。招行开发人员通过公众号接口已经实现公众号查询账单、收取刷卡通知的功能。

（三）微信公众平台功能开发

1. 自定义菜单

通过编辑和发布自定义菜单进行便携管理，如具备开发能力，可更灵活地使用该功能。可建立不超过 3 个一级菜单，另外每个一级菜单下至多可建立 5 个二级菜单。

2. 添加功能插件

在添加功能插件的页面中，每个公众号都可以看到该账号能申请的所有功能。单击"添加功能插件"链接，可以添加需要的功能。

3. 微信支付

便于企业或商家认知及申请微信支付功能，集经营分析、支付收款、推广销售等一系列功能的整套解决方案。

4. 开发者中心

可以统一管理开发资源、权限和配置。主要包括如下功能。

（1）接收消息。看消息是否属实、接收消息、事件推送和语音识别的结果。

（2）发送消息。发送被动响应消息、发送客服消息、高级群发接口、模板消息接口。

（3）用户管理。分组管理接口、设置用户备注名接口、获取用户基础信息、关注者列表和地理位置、网页授权获取用户基本信息、网页获取用户网络状态。

（4）多客服功能。将消息转发到多客服、获取客服聊天记录、计算机客户端自定义插件接口。

（5）自定义菜单。自定义菜单删除接口、自定义菜单创建接口、自定义菜单事件推送、自定义菜单查询接口。

（6）推广支持。生成带参数的二维码、长链接转短链接接口，详情可阅读微信公众平台开发文件。

（7）微信小店。它是在微信支付基础上建立起来的，包含添加商品、商品、订单和货架管理，还有维权等功能，开发者想要快速开店可以通过接口批量添加商品。成功接入微信支付的公众号能够通过服务中心申请开通微信小店。

（8）设备功能。设备功能基于微信平台为服务号提供了 Internet 解决方案。设备功能允许硬件设备供应商通过服务号将用户与拥有的智能设备相连接。

（9）WeinxinJS 接口。隐藏微信中网页右上角的按钮、隐藏微信中网页底部导航栏、网页获取用户网络状态、关闭当前网页窗口。

第三节　移动互联网 APPD 的营销

一、APP 营销

APP 营销指的是应用程序营销，而 APP 就是应用程序 application 的缩写。APP 开展的营销活动是通过手机、社区、SNS 等平台上运行的应用程序来实现的。

最受瞩目的企业 APP 应用的茁壮发展预示着中国的移动营销时代的星星之火已经"燎原"，其中最关注 APP 的移动电商和餐饮业格外耀眼。移动电商曾领军传统互联网，国人的习惯也被第一次网络购物改变了；餐饮业则是传统企业的先锋，他们对 APP 移动营销的关注度，也启示着"中国的 APP 移动营销的时代已经到来"。

起初，在互联网商业活动中，APP 只是作为第三方应用程序参与进来的。由于互联网的发展多样性，互联网商业大亨越来越重视这种新生的盈利模式，APP 形式具体表现为如淘宝开放平台，腾讯的微博开发平台，百度的百度应用平台，不但能够积聚各种类型的网络受众，也可以借助 APP 平台获取流量（大众流量和定向流量）。

（一）APP 的用途

随着智能手机和平板电脑等移动终端设备的日益发展，APP 客户端上网的方式逐渐成了一种习惯，目前国内各大电商都开发了自己 APP 客户端，这也寓意着 APP 客户端的商业价值已经开始初露锋芒。

现在的 APP 可以实现对各类产品实现无线监控，而且下载的渠道也不受限，不像之前只是定位于移动设备的一个简单客户端。

随着移动互联网的兴起，APP 已经被更多的互联网企业、电商平台作为销售的主战场之一。泽思网络的数据表明，与传统互联网（计算机端）相比，APP 给手机电商带来了更多的流量，各大电商平台的主要发展方向也希望通过 APP 实现盈利。实践证明，手机移动终端的便捷性越来越被电商看好，以及用户对 APP 的活跃度和忠诚度的不断提升。使得他们逐渐向移动 APP 倾斜的趋势变的相当明显。

下面是几款性能比较突出的客户端。

本地服务：美团、去哪儿、饿了吗、丁丁优惠、艺龙在线等。

网购：天猫、苏宁电器、亚马逊、唯品会等。

以分享为主：依恋青春、内衣港等。

理财类：大智慧、益盟操盘手等。

除了上面列举的一些客户端外，近几年关于游戏、阅读的应用客户端也在不断涌现。相对较明确的是 IOS 用户的下载渠道，通过 APPStore 或者 iTunes 就可以实现，但是安卓用户还在各大下载市场中翻阅下载。

（二）主体的 APP 版本

1. 苹果 iOS
2. 安卓 Android

二、AppCan 应用开发

AppCan. cn 是 Hybrid 跨平台移动应用开发工具通过使用 html5、css3 和 JavaScript 语言编写实现的。

开发者通过内置的 AppCanIDE 集成开发工具、在线编译系统以及云端打包器等，快速生成 Android、iOS、WindowsPhone 平台上的本地应用。

AppCan. cn 开发门槛低、难度小、学习周期短；之所以成为企业开发的首要考虑对象，是因为它支持自定义功能插件扩展；兼有技术领先、稳定可靠的特性，

（一）创建应用

开发者登录 www. AppCan. cn，注册一个账号，点击"应用开发"按钮，进入"我的应用"界面，点击"创建应用"按钮，输入相关信息后完成应用的创建。

（二）下载和安装 AppCan 开发工具

AppCan 开发工具提供应用向导和界面向导，内置数百种界面模板，提供包括新闻、电商、通信等多套应用模板。

（三）AppCanIDE 项目开发流程

1. 新建项目

AppCanIDE3. 0 中直接为开发者提供了大量的阅读、新闻、电商、移动 OA 等模板。开发者可以方便直接的套用模板来快速定制项目。

单击"文件"菜单→"新建"→"项目"命令。选择 AppCan 应用中的 AppCan 项目。

在生成 AppCan 项目对话框中，填上项目名称、应用名称、应用 ID、应用 KEY。这里的应用 ID 和应用 KEY 保证开发的 App 的唯一性。和 IDE2.0 一样，普通开发者可在官网上新建一个项目，会自动生成一个 ID 和 KEY。每个 APP 都会有自己独一的 ID 和 KEY。普通开发者获得项目信息是之前在 AppCan 官网上，用户创建应用时设置。在官网上登录，单击"应用开发"按钮，单击应用名称或图标。

2. 选择模板

（1）使用已定义好的模板，在创建应用的第二步出现基本信息之后，单击"下一步"，选择自己想要建的类型项目，例如电商、新闻、阅读或移动 OA。空模板使用户可以自己建立想要的 App 类型，开发者也可在 3.0 上加上自己做得比较好的项目模板。例如选择一个电商的项目。单击"下一步"，选择自己想要设置的各部分的颜色。可设置顶部栏颜色、页面背景色、字体颜色、边框颜色、按钮颜色，单击完成。

（2）预览效果，找到起始页 index.html，点击右键选择"预览"，会在模拟器中出现电商项目的首页。

（3）用户可在创建的项目里添加单个页面模板和相应的 js，调用数据功能接口等。

3. 自定义页面模板

IDE3.0 中内置模板如无法满足开发者的需求时，用户就可以在上述新建项目的时候新建一个空模板，建立自己想要的 APP 界面。或者在生成的项目中缺少自己想要的页面，也可以再新建页面模板，加上自己想要的 APP 界面。以上述电商的项目中新建页面为例，新建页面模板操作步骤如下。

（1）单击项目，右键选择"新建"→"其他"，会出现"选择向导"弹出框，选择 AppCan 应用中的 AppCan 页面，单击"下一步"。

（2）在新建 AppCan 页面中，输入要建的页面名，单击"下一步"，进入各种页面模板类型，供用户选择。

选择左边的页面布局类型和右边的内容区域样式类型，布局分为简洁布局、标准布局、抽屉、特效等，内容如列表、表单、九宫格、表格。左边和右边下面都有左右切换页面的箭头，用户选择自己想要的页面类型时，左右两边的内容区域需要先单击一下选中的布局缩略图，例如红色区域选中的内容区缩略图，才可在中间显示这张图片的预览效果。单击"完成"按钮，直接生成默认的第一个模板。[①]

① 林军政. 互联网＋传统经营者与创业者的新盈利模式［M］. 北京：清华大学出版社，2016.

4. 项目本地生成安装包

建完项目之后，可以在本地生成安装包，安装到手机上查看效果。流程如下：

（1）单击项目的下的 android_ iphone 文件夹，右键选择"生成安装包"。

（2）单击"生成安装包"，出现应用打包的界面。可改变应用名称，也可上传图标。

（3）单击"下一步"，选择平台，Android 或是 iPhone 或是 iPad，上传各个分辨率的启动页图片。

（4）单击"下一步"，选择在项目中用到的插件，或者单击"自动选择插件"。即可把项目中用到的插件自动选择上。

（5）单击"完成"，会提示打包成功。项目包会放在本地的一个文件夹中。用户可安装在手机中查看当前效果。

三、简网 APP 工场

简网 APP 工场可以快速的帮我们建立一个同时支持 iOS 和 Android 平台的手机 APP。尽管目前简网 APP 可供定义的内容单一，但是在用户使用方面拥有很大的发展空间、体验感受也相当不错，并且后台运行管理非常规范，加之全程 APP 应用制作是完全免费的。

（一）注册简网 APP 工场

进入简网 APP 工场，单击"免费创建"按钮。

可以直接使用微博或者微信账号登录简网 APP 工场注册账号，绑定社交平台账号不仅仅为用户省事，同时也易于分享；还可以用自己的邮箱注册，进行注册的邮箱信息一定要牢记，因为在后期的简网 APP 制作过程，邮箱的使用是不可或缺的一个步骤。

（二）制作 APP

首先是填写你的相关信息，如应用的名称、分类以及简介，单击"下一步"按钮。进入应用图标和开启的欢迎界面环节。

1. 使用 APP 工场提供的图标和图片。

2. 自定义 APP 图标和开机图片。但凡是一款应用 APP，总会有独一无二的 L 图标。一般由分辨率为 114×114 的小图和分辨率为 1024×1024 的大图组成，开机图片则是填充 640×1136 的竖图，图片格式为 PNG。

3. 选择应用的界面风格并设置栏目。选择 APP 应用的界面风格，设置应用栏目。APP 已经制作完成！输入邮箱地址，下载方法和使用说明会发到所提供的邮箱。在邮箱里单击所提供的下载验证链接，输入自己真实的信息。然后就可以下载了，有两个版本：触 id 下载版和 iphone 下载版。可选择需要的版本。iPhone、Android 手机可扫描二维码下载安装。

第六章 中国高校创新创业的实践案例

第一节 中国创业型高校的践行者——中科创业学院

中科创大是中科招商集团致力于创新创业教育与实践的专业教育投资管理机构。中科创大通过汇集在创新、创业、资本、产业、人才方面的优势资源，以及自身在创新创业教育研究、教育策划、运营管理和资源整合方面的专业能力，引进国内外创新教育的先进思想理论、方式方法和办学模式，集成各种要素，形成系统支持，构建大学生创新创业教育与实践系统平台，与富有进取心的高校合作，结合国内高校需求，按照"创业型大学"的范式创建"中科创业学院"。

中科创业学院是由中科招商集团、中科创大与高校合作共同创建的非独立法人二级学院。它以培养具有创新精神和创业能力的未来企业家和商界精英为目标，借助当下大学生的优势学科和特色的专业以及未来的发展前景，全面贯彻和执行国家有关教育的政策法规下，从人力、财力、物力等三个方面进行内部的整体管控，实现课程、培养、管理三者协调发展。

中科招商、中科创大则将把创业投资基金、"千导计划"、创新实验室、孵化加速器、技术转移、直通国际等要素资源，系统植人中科创业学院，围绕产、学、研、融，在高校构建双创新生态，打造"微型硅谷"。

中科创业学院在人才培养模式上采取"项目引领、结果导向"的"做中学"的人才培养模式；在教学方法上，引入慕课教学法，利用翻转课堂的教学方式，把学习的主动权交给学生，让学生在实践环节进行体验式学习，升华学习内容，提升创业能力；在创业实践上，发挥中科招商"双创新生态"的优势，整合产业资源。建立"校园创新实验室""创新创业实习实训基地"，培养大学生创新意识、提升大学生创业能力；在项目孵化辅导上，从创意孵化开始，利用"千导计划"中的导师资源，开展"创业门诊"和"一对一"创业导师辅导，对大学生的创意创业项目开展辅导和孵化；在基金投资上，设立中关村创业教育公益基金会、建立天使基金联盟、成立"校园天使基金"、设立中科创投基金等，为合作高校校友和师生创业提供全资本链条的服务；在协同育人上，利用"创大在线"及"全球创创业资源集成系统"平台，连接全国各地的中科创业学院，实现"教师互聘、学科互选、学分互认和学生互换"。

中科创业学院作为高校体制机制在课程的排列方式，学生的教育锻炼，和对学生是否学有所成的评价这几个方面的创新上进行了实践，开创了先河。由于资源导人的多元化、培养方式的多元化，多元化人才的输出成为必然，中科创业学院将是天然的孵化器，是区域经济发展的新引擎，是高校实现创新发展的突破口。

第二节　"超级课堂"创始人杨明平

一、创业者简介

杨明平，硕士研究生学历，本科毕业于浙江大学，硕士毕业于中欧国际工商学院，他是典型的大学生创业者，并且是一位连续创业者，被《福布斯》评为"中国 30 位 30 岁以下创业者"之一。

2005 年还是大三学生的他就获得了人生的第一桶金。从最初的街边摊到营业额为 200 多万，占地面积为 400 多平方米的火锅店，可谓是成就不凡。尽管已经小有成就，但是他并没有止步不前，而是辗转跨入教育领域。借助互联网的优势，于 2008 年创立了以网络互动授课模式为核心的超级课堂，当然他的目的远不止于此，最终要实现的是线上线下相结合的一种全新授课模式。每年超级课堂是以 280% 的增长速度在发展，可谓是教育界的一股清风。

二、创业经历

1. 办餐厅亏了改成火锅店就火了

浙江大学信息学院的 3 个"不安分"青年相继在一起，他们来自不同的地方，其中是一对台州的双胞胎，而另一个是湖南额小伙子。他们从小接受的文化习俗、教育等都不一样，但是他们却有着同样的梦想，敢闯、敢想，期待着人生的意外惊喜随处可见。

也许正是基于此种梦想的促使下，2005 年他们期待的以外开始了。浙大校外的餐馆开张了。当时的他们经前任房东的介绍觉得开餐馆就相当于捡钱一样，所以他们的创业路就这样开始了。可是单单是天价的装让费就让他们猝不及防。

就这样餐馆开张了，可是第一道难题就摆在眼前，厨师和服务员该去哪找。据杨明平当时回忆讲述，他跑遍了所有的地方，甚至哪里都是人，可是茫茫人海中，就不是符合自己要求的人，所以最终还是以借厨师的方式解决了这个难题。

人员的问题解决后，原料采购又成了一道难题。同样的蔬菜，会受品相、新鲜度不同而造成价格差异。所以当师傅们买来的蔬菜看上去本不值"一元一斤的价值"可是师傅们报的永远是"一元一斤"。还有斤数不足的情况，各种事情都需要他们亲力亲为，逐个把关，否则这笔浪费简直就是天价。

服务员的人数也不好掌控。平时店里特别清闲，还的给员工照常发工资。而一到周六日客人饱满，服务员的水平有更不上，厨师出菜的速度也难以满足客流量。并且服务员的素质普遍不高，整天只会人前一套，人后一套，不踏踏实实的干活。

就这样一年运营下来，餐馆足足亏了10万多，也许对一般生意人来讲不足挂齿，可是对在校学生来讲却是一个不小的打击。

当然了三位年轻人并没有退缩，而是冷静的思考出现问题的原因。站在理性角度分析的朱亮意识大，其实制度的缺失或者不完善才是造成亏损的本源。其他像师傅贪污、克扣等情形根本不是问题发生的源头。首先，菜品没有标准化，所以才能造成师傅可以用不是一元的蔬菜去以次充好。同样服务员的服务也是难以从细微处细节处去衡量和把握。

只有使星空餐厅的厨师，服务员的素质和人格提升上去，让餐馆管理步入正式正规的模式，才能够让餐厅重新盈利。

他们商议后决定转向经营火锅店。分析后，可从两个方面诉述它的优势。一方面，火锅店是以肉类食品经营为主的，一般是指定供货商上门送货的，所以从肉品的质量和数量上还是比较好掌控；另一方面，火锅是一种自主服务型的，一盘服务员只需要将菜品送上即可，后续的事情都是客户自己操作，没有过多的服务，不仅从质量和速度上都是可以控制的。

经过上一次失败的经验教训后，他们开始冷静的看待问题，不像之前那么盲目冲动。开始以一种摸着石头过河的心态去尝试。先从两张桌扩到六张桌，又成六张桌扩到十张桌，一点点扩张，最后餐馆的150平方米扩到了现在的四百平方米，可以想象，客源有多广，餐馆有多火爆。短短一个月的时间就弥补了小餐馆一年的亏损量。正是火锅店鼎盛的时期，也迎来了他们毕业的钟声，此时的他们开始犹豫继续扩大火锅店经营还是继续新的挑战。

经营了一年多的餐饮业后，3人都不太看好餐饮行业，认为这个行业赚的是薄利。就单单拿火锅店来讲，一天的营业额下来，除去工人工资、水电、原料成本，真正拿到手里的收入是微乎其微，而且还没有将自己的人力成本算上。当然也并不是否定了整个餐饮行业，做大做强、有特色的餐饮行业还是比比皆是的。

他们一致认为，既然毕业名牌大学，就不能浪费了自己所学的知识，应该运用自己所学知识依靠智力来赚的人生的第二桶金。所以他们决定分头求学，待学业有成后，齐聚一堂重新创业。

2. 首批创新的家教公司

大学毕业时期，三位小伙选择了不同的道路，朱亮是一位湖南的小伙，他看中了硕士学位，所以去了他所选择的美国纽约州立大学，去圆他的教育管理学的梦想。而杨明泰却没有和他一样去选择留学，而是选择留在浙大深造，而杨明平被破格招入中欧国际工商学院，攻读 MBA。

有了上次创业的经历后，他们三人一致认为 IT 行业不适合他们，所以他们找准定位放弃自己本科所学专业。

硕士毕业即将来临，他们三人即将面临人生的第三次选择。实力较强的他们被多家公司看上。其中朱亮深受年薪 4 万美金和绿卡的诱惑。而 MBA 的杨明平也可以轻而易举的取得一份年薪 40 万左右的工作。

即使是这样的诱惑之下三位小伙又选择了一次创业，他们来到杭州，彼此探讨人生方向，他们方向三个人学有所成，各有优势，恰好具备开创教育方面的事业。杨明泰是管理硕士，所以他擅长企业上的公关方面，杨明平是 MBA，所以他擅长经营企业，朱亮是教育管理研究生，对西方的教育理念如数家珍。优势聚集，具备了开一家教育机构的一切条件。

朱亮说通过美国当前的教育情况，他预测中国未来的精英教育将会是一个很有前景的市场。处于发达国家的美国人，一些像医生、律师这类的精英们更愿意将自己的孩子送到人数较少的小班接受专业式的教育。因此，在不久的将来中国也会慢慢的选择这样的模式。截止到 2009 年中国中小学生在课外辅导上面所支付的金额将达到 1900 亿元，那么再过 5 年，这个金额会再次上涨，甚至超过 3000 亿元。

2008 年的时候，中国的孩子除了课堂教育，就是家长课后的自行辅导了，仍在用传统的方式去教育去辅导孩子们。多数是用较小的成本请在校大学生来家授课，整体服务质量当然是难以量化的，也没有固定的授课计划和教材，难以形成系统性。发现这个市场后他们迅速成立了和传统不一样的创新的家教公司。这种家教公司在当时的杭州可以用 5 个手指头就可以数过来，特别之处在于他们的经营模式是不上门服务，有经过培训的专职教师以及针对学生的短板和长处精心设计相应的课程，尽量实现放大长处缩小短处的目的。一般课程都是在公司的小隔断房间进行。最初通过登报、发传单的形式进行宣传、推广。

他们真的是沾了第一批吃螃蟹的光，当时的杭州，这样的机构非常稀缺，一般家长都因找不到这样的机构而失望。所以当宣传做到位后，一时间一天之内会有很多咨询的电话，一下子只够五个学生的课容量难以满足需求。客户量多的简直是预料之外又在情理之中。三个硕士高材生研究如何在高考中金榜题名，吸引着老客户继续缴费学习，新客户不断涌入，经常慕名而来的也不计其数。

从最初的"虾兵蟹将"到如今的"庞大规模"，公司还会继续招兵买马，越做越大。总公司的面积一点点扩大的同时，公司的子公司也在不断繁衍，成立的时间也在不断缩短，以这种发展趋势下去，形势一片大好。例如，教学面积从 $40m^2$，

$80m^2$，$120m^2$到现在的$400m^2$；2009年上海分公司成立到2010年上海旗舰店成立，温州分公司成立。

3. 三个人是如何成功的

新兴事物的诞生，往往会带来很多后续事物的滋生和发展，越来越多的同类诞生是不可避免的。因此，从2008年开始，近两年内，市面上出现了成千上百家家教公司。有些家教公司通过各种手段将学生偏么么，只用一些课程敷衍了事，授课质量不好也不允许退款，老师的质量简直不忍直视，就有包工头竟然也去当老师，随随便便找几个人就能成立一家公司。严重扰乱了家教市场。

经过一个阶段的洗牌之后，有些公司赚得了不少热钱，但是也有不少企业像泡沫一样消失了。到2010年，倒闭的企业不计其数，仅仅维持了短短两年时间。当然在有的企业出淤泥而不染，凭借良好口碑赢得市场的肯定，甚至还注册成为上市公司。朱亮则表示非常庆幸，自己是存活下来的那一个，他是这样描述自己的成功经历的。

朱亮表示，虽然做家教是凭一张嘴没有任何成本可以，但是说起来容易做起来难。赚回来的钱，要用在很多方面，学校的房租，老师的工资，文化用品的购买，宣传的费用，到处都需要用钱。

这些花销都是必须的，想要获利，只能缩减宣传的费用。因为三个人的家教公司最基本的原则就是教学质量一定要过关，前期宣传过后，就靠教学过程中带来的回头客，靠的是公司的信誉和口碑，只要教学质量好，就不愁没有客源，一个公司能够存活最大的关键点就是信誉。所以，在宣传推广方面的花销少一点，盈利多一点。

反观消失的家教公司，就不难发现他们并没有用心把控教学质量，完全没有回头客或者老顾客少之又少，光是前期的广告费用就达到了营业额的大半费用，这样下去公司不可能盈利，也只好关门大吉。

4. 超级课堂的创立，第四次创业远择

三个年轻人开始思考自己事业的未来，"人数少，没经验，不善于管理和经营，没有过培训和学习，更没有专业的团队；想要拓张公司规模，需要拓展资金，有了足够的资金才能把公司开遍全国；每个地方都需要宣传推广，认识的人不多，需要更多的人脉资源。"

他们思虑再三，又在鼎盛时期再一次做了第四次关键抉择：停住了脚步，回归教学的本源，潜心钻研教学业务本身，期望打造出一门独具匠心的精品课程。至于推广扩充的任务就交给了实力更为雄厚的专业机构进行处理。

一批又一批的合作者深受三位独特的教学方法吸引慕名前来，这种情况下，三位创始人有意将家教公司致力于文化创意方面发展。朱亮说过，他们当下的任务只有一个，就是作出更多的教学产品，让这些教学产品更大程度上帮助孩子学习。

六年的辛苦拼搏没有白费，三位创始人在 2011 年的收入就高达 2000 万，即使是有如此成就，他们也没有妄自菲薄，依然选择小店就餐，没有奢华的豪宅，因为他们一致认为开没有到安心享受成果的时候。

朱亮的妻子周楠不久后也加入了三个人的团队，变成了四人团，周楠的加入给团队带来了新鲜血液。四个人利用周楠的特殊职业好莱坞的电影特效设计师，萌生了大胆的想法并付之实践，他们将初中到高中的课本内容制成了一部像电影一样的视频，孩子上课的时候利用电脑里面的视频来分析知识内容，并且只有掌握了知识点才能观看下个视频。这种寓教于乐的方式，不仅生动活泼，更加适应现在孩子爱玩游戏的特点。在电脑上看视频，做题，来达到教育的目的，这种方式独树一帜。

依据不仅是创始人还是执行董事长的杨明平曾经发表的颠覆传统的言论，"不创新的传统教育方式是落后的，停滞不前的，索然无味的。而科技的发展让我们得以改造并发展教育模式。"

前文提到的网络教育模式，经过三位创始人的共同努力，于 2010 年 10 月正式上线，使中小学生能够在线学习与互动。"单向满堂灌，压迫性的教育，让学生苦不堪言。"他觉得，在学校读的年头再多，到最后也没有了解所学内容，是一件很可怜的事情。而今，不断的复制效仿，使得更多教育机构倒闭。把教育发展成了市场方向，盈利，商业化，虽然避免不了，但是只注重利益，不注重服务确实很可耻的。虽然网络教育没有普及，但是他觉得要有一个带头人来引领方向，于是他毅然决然的作为先驱领导者，开启了网络培训这条道路，希望自己的"超级课堂"能够给中小学生带来更好的教育方式。"助燃性是指氧气通过燃烧别人的方式释放自己，氧化性是说氧气可以和别的气体或物质共同进行燃烧，这两者是一样的吗？"打开空气和氧气的课程，刚打开你就会在屏幕上看见熊熊烈火扑面而来，然后进入布满星座的银河系，学生从如此这般的神奇画面里面来学习氧气的知识内容，使得这种别开生面的方式深入人心，"超级课堂"的特点从这里就能窥视一二。杨明平始终认为，只有把课堂知识生活化，神话化，形象化，才能让人印象深刻，容易记住。

杨明平希望得到这样的结果："学生就像玩电子游戏一样，对超级课堂上瘾。一遍又一遍的重复的看。"杨明平设置的课程灵活性特别大，为符合当今互联网移动化、碎片化的特征，他以缩短课程时间的形式，将考点以故事和一些流行元素的形式呈现，让考生可以因为感兴趣而学习，并且牢牢记住考点。根据市场调研杭州和温州的"超级课堂"线下店为教学课程的研发起了至关重要的作用。"通过师生间的双向交流，获得学生不懂的地方，模棱两可的地方，喜欢的地方，得到的信息在后续课程中得以改进发扬和创新。"

像银行滋生的产物一样，"u盾"课堂也是超级课堂衍生出来的。这和u盘一样方便，插入电脑接口，就可双击使用。操作简单易学，并且可自行检测网络下载最新课程。还可以进行线上购买，线上领奖，线上查询和互动。随时保持数据同步。

虽然超级课堂已经卓有成效，由民营培训机构和图书出版商加盟投资，但是杨乐平希望有更多的合作者的加入，来使公司价值不断上升，更同获利。而不是仅仅局限于盈亏平衡的状态停滞不前。

三、创业案例点评

杨明平、杨明泰和朱亮的创业经历给我们带来以下几点思考。

首先，一个创业者选择做企业还是做生意是有本质的区别。做生意的终极目标是为了个人财富，为了钱财，可以走捷径，赚快钱，可以轻易换行业，什么赚钱做什么，甚至囤积居奇，四处炒作。做企业则截然不同，一个真正的企业家为的是两个终极目标：一是为公众提供好的产品或服务；二是让企业员工实现自我价值，过上幸福生活。一路走来，他们一直怀揣坚定梦想，让中国尽可能多的孩子告别死记硬背，让孩子们在快乐中靠发散思维有创造力地学习。

其次，公司是一个开放的舞台。招募员工时，他们大量选择中文、哲学、历史、物理等在就业市场上不吃香的毕业生，他们中大多数人在这里找到了工作乐趣，月薪5000—8000元。今后的大片式教学更是开放的舞台，只要你有金点子，就可毛遂自荐，公司把你包装成教学明星，与你分享产品销售所带来的财富。

再次，创业者能坚持创业信念，紧跟时代发展，及时调整创业战略，毫不懈怠地完成创业使命。从最初的餐饮业到教育业的转型，从传统家教行业到现代教育创意业的转型，都抓住了时代特点和企业优势，值得借鉴。

第三节　"三国杀"创始人黄恺

一、创业者简介

黄恺出生于福建的福清，2004 他以优异的成绩考入中国传媒大学学习游戏设计。初三上学期他在淘宝上首次卖出自己的作品《三国杀》，在即将毕业的那一年正是出版发行。时隔一个月的时间黄恺以《三国杀》游戏创始人的身份名列《福布斯》中文版"中国 30 位 30 岁以下创业者"名单。

高考那一年，其实黄恺的父母是希望他可以学一个比较有前途的职业医生，可是在他看来，除了绘画和网络游戏，他没有别的追求，所以追寻自己内心的想法，他报考了中国传媒大学动画学院游戏设计专业。

在大学的第二年，黄恺和友人在玩一个国内刚刚兴起的桌游游戏的时候，深受启发，他想在这个游戏的基础上，自己在创新出一个新的游戏。而这个游戏就是后来《三国杀》的启蒙游戏。

就在即将迎来毕业的那一年（2008 年），黄恺和朋友杜彬合伙创立了注册资本仅有 5 万，只有 3 个人的小公司，三年后发展到如今数百人、数千万元的规模企业。就是这个靠上课走神儿设计的《三国杀》，仅 2010 年一年内就卖出 200 多万套。

二、创业经历

1. 有失有得的大学生活

黄恺是一个在初中时候就对桌面游戏十分狂热的游戏爱好者，就连上课的时候都会画卡牌。高中的黄恺临近高考的时候，幸运地看到了"游戏专业"，正好符合他的理想，顺利报考并被中国传媒大学游戏设计专业录取。

作为第一届游戏设计专业的学生，黄恺是这样说的："刚开始的大学两年里，所学的东西往往乏味，不解，所以很多同学考试不及格，我也不例外，但是好在后来都过了。"

黄恺大二的时候通过网络，知道了桌游有很多种，很广泛。从此，黄恺不断研究，探索，并利用自己的专业优势得以将自己设计的游戏付诸实践。

失恋对于一个人来说，往往是致命打击，黄恺也不例外，临毕业之际的失恋，让黄恺一蹶不振，直到最后四个月，黄凯才通过夜以继日的设计和画作，慢慢放下。

2. 80 后团队

2008 年"游卡桌游"公司的创立，开启了黄恺的创业之路。这一年，黄恺大四，设计出了手绘的龙版《三国杀》。

杜彬是黄恺的合伙创始人，他也是因为玩了外国朋友的桌游才对网游感兴趣的。不过当时国内暂无这类桌游。当时的杜彬还只是一个清华的在读博士。

龙版《三国杀》的问世，很多投资商慕名而来，预示着这款游戏将会在不久的日子里以线上的形式出现。

万事开头难，黄恺觉得先驱者开路是十分困难的，但是一旦道路通了，就很容易行进了。成立公司以后，困难重重，人数少，工作量大，什么事情都要亲力亲为，没有经验没有人脉，麻烦不断。但是当时尽管艰苦，他们仍然满腔热血，勇往直前，享受其中。

黄恺觉得这些不算苦，比他们苦的大有人在，公司发展道路不是一路顺畅，也不是坎坷波折，有过融资，有过坎，百感交集。让他最难忘最兴奋的是《三国杀》的赛事。在比赛最初只是小规模的少数人的，到后来越来越激烈，甚至设计了新的比赛规则和新的比赛模式，以至于黄恺亲自上陈，现场画画，看到热烈的场面，热情的玩家，黄恺得到了很大的满足。

有人说"最好不要和熟人合伙"，黄恺是赞同的，但他也能合理处理这种关系，虽然公司是他和杜彬合伙创办，那是因为他们有着对桌游和创业的共同认知和理解，并肩作战的合伙状态才是他们共同的处理方式。在黄恺的概念里，工作是工作，友情是友情，互相帮助互相牵制，共同发展。

3. 我最像谁

《三国杀》这款游戏，是以三国里的人物为基准设计的，既有诸葛亮的空城，又有张飞的咆哮，还有一些人物设定是单纯地为了丰富游戏本身。

《三国演义》是按照刘备重要曹操次要的思路进行设计的，虽然黄恺认为曹操也是英雄，但是太过张扬。反而，黄恺更加喜欢低调的贾诩和孙策。孙策重情重义，豪情万丈。贾诩心思缜密，保全自己。《三国杀》游戏的设定，也是按照黄恺自己的个人喜好来设定的。

和《三国杀》比知名度，黄恺肯定比不过，就像电影一样，你能记住电影内容，记不住电影的幕后团队。不过虽然比不过知名度，但其自身的魅力还是有的。

《三国杀》也不例外，很多玩家都是因为游戏里很多都是黄恺的画作，才来玩这个游戏的，为了救市能够和黄恺一起感受游戏的快乐。并且，黄恺的名字也留在了卡牌底部，尽管绝大多数人都不知道，但是这对于黄恺来说并不是大事件，只要发烧友知晓自己，认可并喜欢自己，黄恺就已经心满意足了。

4. 盗版《三国杀》

《福布斯》发布30岁以下创业者影响力排行榜，黄恺连续两年榜上有名。这是中美各30位创业者的一个对比。这是对于中美新生代生命力在实力和竞争力的对比，其实有很大差距，中国很多都是富二代，很少有自己独立创业的新生代，并且均在一二产业中出现。黄恺认为是他创作出来的《三国杀》带来了新生产业的影响，而并不是他自己本人的影响，所以，《三国杀》才是作为中美对比最重要的产物。接下来要考虑的问题，是怎么让全世界都知道我们中国的《三国杀》。那就涉及到了游戏的输出，游戏的输出是一项艰巨的任务。

在中国，桌游是一个新生事物，无论是在分类上，销售方面都不成熟，而在国外，甚至可以在商店里面购买到桌游产品，所以说，桌游产业在中国的发展，举步维艰。

像光碟有盗版一样，实体牌也有盗版，保守估计市面上百分之八十都是盗版。这需要创作者和购买者共同努力，才能抵制。购买者往往喜欢价格偏宜，多种样式的，并且方便购买的，而这些黄恺的团队还有待开发和改进。尽管黄恺的团队曾经设立专门机构去取缔这种盗版实体，但是收获甚微。因为盗版的销售渠道很广泛，比如集市上就会有很多盗版杀："乔布斯杀""苹果杀""星际杀"等等。抵制盗版，任重道远。

一个产品要流行并继续保持下去，必须有它的市场才行，《三国杀》虽然火了，但也只是这个游戏本身火了，这个行业并没有火起来。如果版权，渠道和市场不成熟完善，那么这个桌游行业终将没落。那么就会像唱片行业一样，从其他渠道来维系生存，也就失去了它原本的核心价值。

三、创业案例点评

1. 借鉴和超越"杀人游戏"

《三国杀》的风靡是有很多原因的，历史原因是杀人游戏在国内非常的流行。《三国杀》是"杀人游戏"的变体，以卡牌作为介质具备更强的角色扮演感，和网络游戏的区别在于《三国杀》必须面对面和大家玩，这符合人的聚会、社交需求。国内的网游市场相对成熟，《三国杀 Online》也是导致这个游戏知名度那么高的原因。

2. 改变营销策略，顺应历史潮流

传统的游戏线下都是不挣钱的，现在的大趋势都是线上和线下的结合。通过线上的很多专属打知名度，根据玩家做一些线下才能实现的产品，包括线下的专属武将，以维系一部分线下玩家的习惯，从商业利益出发做一些更有收藏价值的周边产品等。

现在创业从资金上比之前容易得多。如果是成规模的以公司形态做一个游戏，一定要考虑好今后的盈利方向，如果在桌游产业还有更大的野心，那就要摸清市场的情况，现在的 APP、手游都很火，大局势是跟着时代的发展去顺应潮流。

3. 专注空缺，凸显特色

黄恺认为："我们国家的第三产业一直在吃老本，好像只能拿历史题材做文章，这让国外的人很惊讶，似乎中国人的创意就到此为止了。国内原创游戏，叫'三国'的几乎占据了一半以上。三国题材我是有点腻了，老拿它做文章好像有不思进取的感觉，总得需要一些更新鲜的血液融入到这个行业，比如科幻题材、超现实主义题材。"

黄恺现在是开发部门的主监制，带领着几十人的开发团队，但他渐渐淡出管理工作，全身心投入到设计的角色上。

第四节 优科网络校园工作室

团队名称：新青年

参赛组长：吴兰洋

参赛队员：梁林蒙、闫柯仲、胡林、郭鑫淼

指导教师：杜永红

摘要：本团队基于网站建设、网络营销等业务，创办校园网络工作室，服务于地方企事业单位，截至 2015 年服务企业 80 余家，团队毕业后创办了网络公司。该项目荣获第五届大学生网络商务创新应用大赛西北赛区特等奖，全国赛区二等奖，团队接受了《中国青年报》《经济日报》的采访，并在报纸上刊发了相应的采访内容。项目为 2012 年陕西省大学生创新创业训练项目，获项目资金资助。

关键词：网络推广 网站建设 移动互联网 平面设计

一、项目简介

（一）项目背景分析

在网络飞速发展的今天，互联网这个渠道在人们生活等各个方面显得尤为突出。具体体现在人们可以更为便捷的获取知识、分享知识。作为一个现代化的企业，如果没有自己公司的网站痫是企业未来发展的阻碍。想要以最小的成本获取最大的受益的宣传方式，就是网站。用户可以在网站上了解公司的概况，得到想要了解的公司的信息。也可以通过在网上的搜索，达到购买公司产品的目的。

网站只是收取域名和空间的费用，就算加上维护，制作商务网站，费用也是相当低的，少则 1000，多则也没有高多少。而这样的价格相对于电视宣传，广告植入等，都是非常廉价的。

但是对于一个想要在互联网进行营销活动的企业来说，光有一个网站是不够的，还需要对你的网站进行优化处理，利用像诸如谷歌、百度和雅虎等这要大的搜索引擎去收录你的网站，逐渐的提升你在各个网站中所占到的比重。一旦所占的权重增加不仅会带来免费有目的的流量，而且销售量也会随之增加。所以说只要前期能将搜索引擎的网站做好，后期其实是不需要花费太多成本的。

（二）整体方案实施计划

优科网络工作室作为一个大学生工作室，主要围绕网站建设和网络推广开展业务。

（三）营销策略

市场发展拓展的整体规划：以网站建设、网络推广作为主营的业务，在西安本地做好网络工作室，以西安为基础辐射全国。建立属于自己的工作室、网络公司，把优科优质的服务和完备的售后推向顾客、推向社会，优科成为企业值得信赖的合作伙伴。

营销模式一般由 Online 和 line 的形式组成，如图 6－1 所示。基于下面几点内容讨论。

1. 网络工作室网站的搜索引擎优化、百度竞价排名。
2. 云端技术的使用和关联。
3. 移动电子商务业务推广。
4. 博客、微博、论坛、电话、短信营销。
5. 优科网络工作室部门成立，互帮互助学习园地。

结合目前的营销情况，只有上面的几个方面还是远远不够的，我需要从部门纳新、飞信营销等几个方面去整合营销模式。

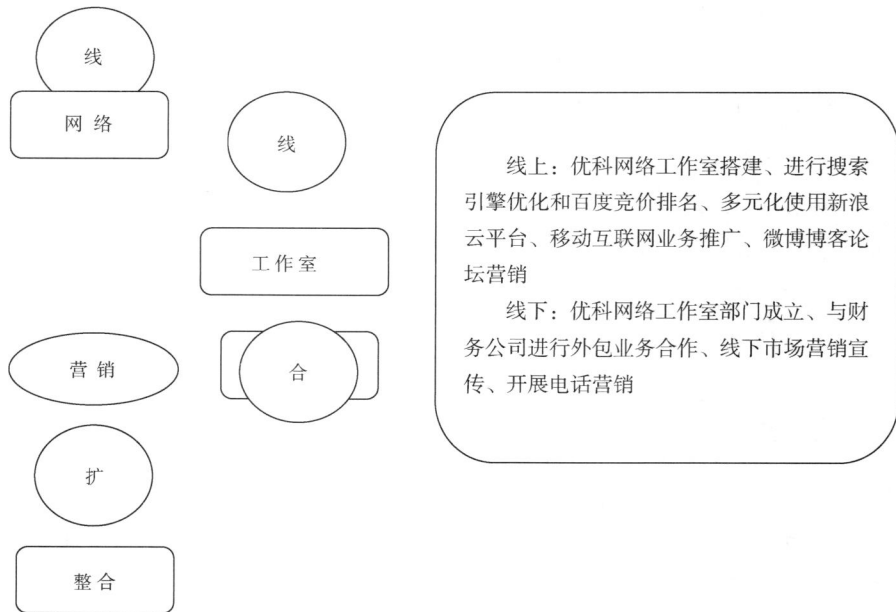

线上：优科网络工作室搭建、进行搜索引擎优化和百度竞价排名、多元化使用新浪云平台、移动互联网业务推广、微博博客论坛营销

线下：优科网络工作室部门成立、与财务公司进行外包业务合作、线下市场营销宣传、开展电话营销

图 6－1　优科网络工作室的营销策略

经过我们的研究和探索，扩充出以下几个方面的模式。

1. 实现不同行业之间的业务沟通联系，优势互补，创造更高的价值。

2. Online（线上）和 line（线下）的模式要兼顾发展，不可厚此薄彼。

3. 在开发新用户的同时不能丢掉旧客户群体，争取实现新老客户双向沟通模式。

抓住一切可以利用的资源，不论是已经存在的还是周围的资源，只要是可以利用的，都有发挥出来。

（四）项目实施过程

1. 网站推广

选择以"SEO 为主，竞价排名为辅"的方式在互联网上推广网站。

（1）搜索引擎优化。已经有 56500 的反链，687 的收录，百度权重 1，谷歌 PR 值为 2。

（2）百度竞价排名。以百度作为后盾，开展网络推广活动。

2. 移动互联网营销

为企业用户开发公司网站的专用 APP 程序，提升企业的形象，让企业在移动互联网的浪潮中可以站稳脚跟。目前开发的程序包括：商城客户端、论坛客户端、企业网站客户端。

3. 云计算技术的利用

云计算俗称虚拟化资源，是利于互联网去提高一种动态的容易扩展的模式。一般体现在互联网的使用、支付相关服务模式上。

（1）新浪移动云平台；

（2）移动应用在线开发云平台。

4. 即时聊天系统和社会化网络推广

我们在网站中加入了即时聊天系统和 QQ 等在线沟通接口，给网站添加了百度分享模块，可以让用户很便捷的将我们的网站分享到各大知名社会化网站。

（五）线下营销

网络工作室和一般网站一样，在初期起步的过程中很难从互联网取得订单，需要用线下营销来进行辅助，以线下的传统营销方式和手段带动线上的发展，在线上业务成熟的时候可以使线上营销和线下营销相互促进，共同发展。

1. 与财务咨询公司合作，形成外包服务产业链。选择与西安本地的财务公司进行合作，因为财务咨询公司可以直接与上述的公司进行接触，我们可以与财务公司进行合作，在获得客户首肯的情况下，从中取得大量的潜在客户的信息。

合作的财务咨询公司是西安意隆财务咨询有限公司，该公司是我们的长期顾客，我们在取得企业信任的同时，提出了与该企业的业务合作，得到了该公司的大力支持和配合，已经有部分合作订单的达成。虽然目前只有一家财务咨询公司与我们合作，但是我们相信在优科网络不断成长的同时，一定会吸引更多的企业前来与我们合作，不仅仅局限于财务咨询公司，我们期待的是更多业务模式的创新合作。

2. 校园兼职机会。优科网络为学生提供代理模式的兼职工作，学生可以申请成为优科网络的外围成员，对优科网络进行营销宣传，介绍身边的亲戚朋友做网站，也可以自己找企业洽谈，每单业务我们给予学生纯利润的20%—30%。

3. 电话营销。通过4C的流程主动出击，进行电话营销，通过黄页网站获取西安本地企业的信息，通过团队成员的筛选进行电话营销，电话营销的过程中询问企业是否有建立网站或者网络推广等方面的业务需求。并针对客户的需求，把相关网站建设和网络推广的基本概念及作用向客户做简单的介绍。

二、项目特色

首先，建立优科网络工作室，我们依靠学校提供的办公室、模拟公司机房以及网络接入条件，充分发挥学生的主观能动性，利用大学生的创新思维，在校园进行品牌推广，招贤纳士，让更多的有才之士进入优科网络工作室，大家一起奋斗努力。

其次，通过线下的市场营销和线上的网络推广，进行业务推广活动，争取拿到更多的订单，与更多的企业进行合作，帮助企业建立网站、进行网络推广。在线上部分，通过百度推广等方式推广我们的方案，有效的创新和使用网络工具，为团队创造影响力，进行网络营销；在线下部分，着重开展与本地公司企业的合作，特别是与财务咨询公司的合作，优势互补，形成业务外包产业链。

最后，优科网络作为一个以大学生在校创业为主题的工作室，它并不是单纯的以盈利为目的，更多的是从电子商务专业角度出发，增强大学生就业竞争力。在优科网络工作室中，每周三和周五的下午4：30—6：30，在学校提供的模拟公司，在老师的指导下，采取学长互助，对新加入的成员进行培训，增强学生的网络知识技能，每晚9：00—11：00进行上机实践操作。我们把每一个企业合作的项目都当作大学生实践学习的项目，让工作室中的学生可以学以致用，把自己学习到的东西运用到实践当中去。争取做到理论和实践的结合，培养大学生的主观能动性和实践动手能力，从而提高大学生的就业竞争能力。

三、项目点评

优科网络是一支由大学生组建的校园网络工作室，最初是凭借着互联网的基本业务发展起来的，融合了前期网站的制作、设计、创建到后期整个网站的策划、优化、推广等一系列后期运行为一体的综合性网络工作室。该项目的目标是把优科网络工作室建设成为西安本地最大的网络服务提供商，以真实的企业项目作为提升学生动手能力的媒介，以创业项目提升大学生专业素质。

通过该项目的运营将专业知识和多方积累的经验，还有天马行空层出不穷的创造力以及团结一致互帮互助的团队力量凝聚在一起。本着诚信，律己，创新，向上的团队理念，把心思重点放在如何让企事业单位通过互联网来获得更广的宣传，更多的服务上面。使得该项目与使用者一起将中国互联网产业推向更加广阔的发展道路。

参考文献

［1］赵磊.我国高校创业教育对大学生创业绩效影响的实证研究［D］.石家庄：河北师范大学，2011.

［2］施永川.创业教育促进大学生就业问题研究［J］.南昌，江西社会科学，2013（5）：214—217.

［3］朱春奎.政策网络与政策工具：理论基础与中国实践［M］.上海：复旦大学出版社，2011.

［4］叶映华，徐小洲.中国高校创业教育［M］.杭州：浙江教育出版社，2013.

［5］席升阳.我国大学创业教育的观念、理念与实践［M］.北京：科学出版社，2008.

［6］牛长松.英国高校创业教育研究［M］.上海：学林出版社，2009.

［7］梅伟惠.美国高校创业教育［M］.杭州：浙江教育出版社，2010.

［8］木志荣.我国大学生创业教育模式探讨［J］.高等教育研究，2006（11）：79—84.

［9］房国忠，刘宏妍.美国大学生创业教育模式及其启示［J］.北京：外国教育研究，2006（12）：41—44.

［10］傅晋华，郑风田，刘旭东.国外创业政策的主要特征及对我国的启示［J］.中国科技论坛，2011（9）：156—160.

［11］黄兆信，曾尔雷，施永川.美国创业教育中的合作：理念、模式及其启示［J］.北京：高等教育研究，2010（4）：105—109.

［12］任路瑶，杨增雄.创业教育：第三本教育护照——国外创业教育研究综述［J］.教育学术月刊，2010.

［13］罗志敏，夏人青.高校创业教育的本质与逻辑［J］.北京：教育发展研究，2011（1）：29—33.

［14］叶映华.大学生创业政策的困境及其转型［J］.北京：教育发展研究，2011（1）：34—38.

［15］梅伟惠.美国百森商学院的创业教育哲学［J］.北京：高等农业教育，

2009（02）：92—95.

［16］韩国文．创业学［M］．武汉：武汉大学出版社，2010.

严中华．社会创业［M］．北京：清华大学出版社，2008.

［17］李家华．创业基础［M］．北京：北京师范大学出版社，2013.

［18］刘帆．大学生 KAB 创业精讲［M］．北京：知识产权出版社，2013.

［19］陈麟宇．创业是一种信仰：大学生必上的十堂创业课［M］．北京：中
国财富出版社，2014.

［20］陈迎炜．中国社会创业案例集［M］．北京：北京大学出版社，2013.

［21］徐小洲，梅伟惠，倪好．大学生创业困境与制度创新［J］．北京：高等
教育研究，2015（1）：45—48.

［22］方伟．高等创业教育的现状、问题及发展对策［J］．太原：现代教育管
理，2013（7）：95—96.

［23］朱晓芸，梅伟惠，杨潮．高校创业教育师资队伍建设的困境与策略［J］
．北京：中国高教研究，2012（9）：82—85.

［24］佟丞，张秋山．高等创业教育发展路径研究［J］．北京：教育与职业，
2014（4）：113—114.

［25］朱小香．"创学结合"模式下高职院校信息素质教育研究［J］．北京：
中国高教研究，2015（2）：107—110.

［26］翁丽华．现象学视阈下的大学生创业教育［J］．北京：中国高等教育，
2014（5）：85—88.

［27］赵金华，孙迎光．中国高校创业教育 22 年回顾与启示［J］．北京：现
代教育管理，2012（11）：83—88.

［28］卢亮，胡若痴，但彬．发达国家大学生创业措施及对中国的借鉴［J］．
北京：中国高等教育，2014（8）：55—59.

［29］沈东华．美国高校创业课程设置及其启示［J］．北京：中国高教研究，
2014（11）：69—72.

［30］魏炜，朱武祥，林桂平．商业模式的经济解释：深度解构商业模式密码
［M］．北京：机械工业出版社，2015.

［31］［美］罗宾·蔡斯．共享经济：重构未来商业新模式［M］．杭州：浙江
人民出版社，2015.

［32］林军政．互联网＋传统经营者与创业者的新盈利模式［M］．北京：清
华大学出版社，2016.

［33］孟祥霞，黄文军．美国创业教育发展及其对我国创业教育的启示［J］．

北京：中国高教研究，2012（10）：62—65.

[34] 李伟铭，黎春燕．我国高校创业教育［J］．北京：教育研究，2013（6）：42—51.

[35] 董晓红．高校创业教育培养模式与质量评价研究［D］．天津：天津大学．2009.

[36] 唐璐．我国高校创业教育现状与对策研究——基于江西省部分高校的实证研究［D］．南昌：南昌大学，2008.

[37] 纪玉梅．理工科高校创业教育模式研究——以大连理工大学为例［D］．大连：大连理工大学，2009.

[38] 杜永红，梁林蒙．大学生创新创业教育［M］．北京：清华大学出版社，2016.

[39] 陈晓暾，陈李彬，田敏．创新创业教育入门与实践［M］．北京：清华大学出版社，2017.

[40] 北京中科创大创业教育投资管理有限公司，中国与全球化智库．中国高校创新创业教育发展蓝皮书（2016）［M］．北京：机械工程出版社，2017.

[41] 刘海春，谢秀兰，娄会东．中外创新创业教育理论与实践［M］．广州：广东高等教育出版社，2016.

[42] 孙惠敏，陈工孟．全球创新创业教育研究报告［M］．北京：经济管理出版社，2016.

[43] 彭怀祖，侯文华．大学生创新创业教育教程［M］．北京：科学出版社，2012.

[44] 张应辉．大学生创业导论［M］．北京：清华大学出版社，2016.

[45] 张子睿，李杨．学校创业教育引论（大众创业万众创新背景下学生创新、创业教育对策研究）［M］．北京：中国书籍出版社，2016.